英語教育とコロナ騒動は似ていた

―正しさとは大衆操作の結果である―

石井　丞

まえがき

読者の皆様には、「お久しぶりです」と言いたい。なんせ、拙著『なぜ、「英語で授業」しなければならないのか―英語教育暗黒時代の終え方―』を出版してから、すでに5年以上が経ってしまったからだ。

現在の日本で英語習得や英語教育を試みるにあたり、最も重要なことはこれまで出版した書籍に書かれているし、電子書籍限定の『英語習得の極意』に関してはアップデートができるので、新たに書きたい内容が出てきたとしても書き足せばいいということもあり、新しい書籍の出版には至らずにいた。

しかし今回本書を執筆するに至ったのは、「英語教育とコロナ騒動には共通点がある」ということに気付き、教育者としてそれに触れざるを得なくなったからだ。私は英語教育者として、政府（教育の場合は特に文部科学省）に頼ってもいいことはないと知っていたし、世の中に流通している英語教育や英語学習に関する情報が誤りだらけであることも知っていた。

しかし、今回のコロナ騒動で、それが英語教育だけに当てはまる話ではないということに、さらに気付かされた。世の中に広まる「常識」などというものが、全く当てにならないことも今まで以上に実感した。コロナ騒動はとんでもない茶番劇であったが、ある意味ではいろいろなことに気付かされるきっかけとなる出来事であった。「今まで英語教育だけにフォーカスしていた私は、教育者としては視点が低すぎたのかもしれない」と思わされた。日本の英語教育に問題が大アリなのはこれまでの著書でも書いてきた通りだが、根本的な問題は決して英語教育だけの話ではなく、そもそも日本という国、政治、日本人の行動の癖など、さらに深い部分にあることがわかった。英語教育は、その氷山の一角にすぎず、それだけを改善したからといって、日本という国が大きく良くなるわけではない。

これに気付いた時点で、英語教育だけをしているわけにはいかない。もちろん英語教育に関する活動は続けていくが、この〝トンデモ〟国を良くするには、さらに高い視点からの活動が必要になる。無意味なコロナ対策で被害を受けている子供たちが世の中に多くいる中で、教育者として声を上げないわけにはいかない。英語教育よりも大事なことがたくさんある。そんな思いで、今回の執筆に至った。

余談だが、それに伴い、私の YouTube チャンネルは英語専門のチャンネルから教育全般を扱うチャンネルに変わった。

コロナ騒動は２０２３年９月現在でも、完全に終わったとは言い切れない。私の最寄の商店街には、まだまだ「入店の際にはマスクの着用をお願いします」という張り紙がある。政府はワクチンの接種を勧めている。

また私は教育者として、一刻も早く教育現場に過剰な対策を止めてもらいたい、あるいはこの３年間行ったことを反省してもらいたいという思いがある。子供のお手本にならなければならないはずの教員が、子供に意味のないマスクを強要しているのだから、これは大きな問題である。私の本の読者には教育関係者も多いと思うので、そのような人たちに、できるだけ早く過剰な対策の意味のなさを実感していただければと思っている。

本書が日本の社会と教育の発展に繋がれば幸いである。

２０２３年9月　石井　丞

もくじ／英語教育とコロナ騒動は似ていた

第４章 マスク、ワクチン、単語帳、文法書 ‥ 93

第6章　我々は何をすべきか……139

第1章 政府、メディアの罪過

英語教育とコロナ騒動は似ていた

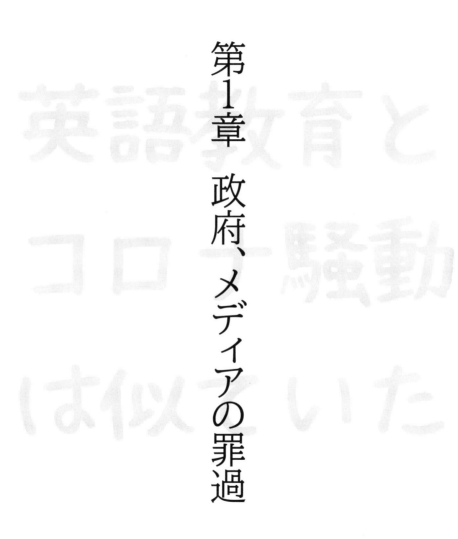

根本的問題とは

コロナ騒動と英語教育、この2つにどんな共通点があるのか疑問に思う人も多いだろう。しかし、この2つを高い視点から見ると、非常によく似ている。私自身、人間、もしくは社会の動き方という点で、共通点が見えたと感じる。

また、まえがきで述べたように、私は今まで「英語教育」にフォーカスを当てて改善策の提示などをしてきたが、それは非常に抽象度の低い行為だったのではないかと感じる。本当の問題は英語教育だけにあるのではなく、国をリードする政府の仕組み、賢さ、金儲けを目的とする私企業など、もっと高い場所に位置していることがわかった。「英語教育」だけに焦点を当てるのは、大きな問題の中の、ほんの一部を改善することに他ならないということである。そして、もし大きな問題の中のほんの一部を改善したとしても、根本的な解決にはなっていないから、また問題は再発するだろう。

例えば、食事の質の悪さが原因で肌荒れに悩んでいる人がいたとして、顔に薬を塗ることで〝一時的〟には良くなるかもしれないが、食習慣など根本的な原因は解決されていないから、また肌は元に戻ってしまうだろう。同じように、「英語教育」だけの改善を試みたところで、社会問題の根本的な改善にはならない。

こうなると、私自身、英語教育者として英語教育の改善に取り組むことが本当に正しいことなのかということさえ疑問に思ってしまう。私が〝人〟として本当にやるべきことは、もっと根本的な社会問題の解決なのではないかということだ。

しかし、私は政治家でもなければ有名人でもない。今のところ〝ただのイチ英語教育者〟である。もちろん、全ての国民が言論の自由を持っているし、政府に意見する権利も持っている。もし現段階での影響力が弱くても、将来の子供たちのことを考えると、私もそんなに弱気になるべきではないだろう。

政府に期待ができるか

述べたように、私（たち）は弱気になるべきではないだろうし、しっかりと国民の権利を使って自分の意見を述べるべきだろう。

しかし、あの自分勝手な政治家たちの中の誰が我々の話を聞いてくれるだろうか。

また、以前サイバーセキュリティー戦略本部の担当大臣である桜田義孝衆議院議員が、衆議院内閣委員会で「これまでＰＣを自分で使ったことがない」という衝撃的な発言をしていたが、英語教育も正直似ているのである。

文部科学省の中の何人が英語が堪能なのであろう。おそらくほとんどの政治家は日本の典型的な英語教育を受けてきており、英語も大して使わないはずだ。文科省の中には、英語に関心がない人も多いのではないだろうか。自分たちが英語に興味がなく、使ってもいないのだから、英語教育の改善には身が入らないだろう。

コロナ騒動を通して、日本の政治家が国民のことを考えない自分勝手な人たちだということを再確認した今、「政府への働きかけ」がどれほどの効果があるのかは疑問だ。

最近は文部科学省もさすがにまずいと思ったのか学習指導要領に変更を加え、たしかに以前よりは良くなっているが、現場では英語教育の根本的な問題はほとんど解消されていない。おそらく「時代的にまずいと思ったので形だけでも行動に移した」というところだろう。各々の学校が学習指導要領に沿って指導しているかどうかなどは見ていないし、もししていなくても何の罰則もない。

以前、私はダメもとで拙著『なぜ、「英語で授業」しなければならないのか―英語教育暗黒時代の終え方―』を文科省に手紙を添えて送ったが、今のところ何も起こっていない。「英語教育改善のために力を貸してください」と返事がくることを０・００００１％くらい期待していたが、やはり返事はこなかった。

やはり、文部科学省などの大きな組織には期待はしづらい。もし可能性があるのであれば、英語教育の改革に興味のある、大物以外のイチ政治家の方などであろう。もし、この本を読んでいて私の考えに賛同してくださる政治家の方がいれば、ぜひ協力させて頂きたいので、joishii1007@gmail.com まで連絡をいただけるとありがたい。

余談だが、これまでにコロナ騒動の嘘に気付き、異論を唱えてきた政治家の方々には、敬意を払いたいと思う。「当選する」というゴールを達成するに当たっては、それは遠回りなはずである。何たってコロナ対策に反対する人は「非人道的」「反コロ」などと言われ、散々罵倒されてきたのだから。

コロナ禍における政府やメディアの罪過

コロナ騒動が始まってからの日本政府はとにかくひどかった。国民の命を尊重しない自分勝手な言動や要請などは、呆れるほどであった。

読者の皆様もご存知のように、コロナ騒動が始まってから、政府やメディアは「これは怖い病気だ」という印象を世間に植え付けた。結果国民はコロナを怖がり、外出を控え、外ではマスクをし、ワクチンを打った。

では、コロナは本当に怖いウイルス、病気だったのであろうか。

多くの人は、コロナによる致死率すら知らないはずだ。自分で調べもせずに、政府やメディアのいうことをそのまま受け入れることは危険なので、決してお勧めしない。もし今の段階でコロナウイルスによる致死率をご存知ない場合は、ぜひ予想をしてみて頂きたい。

５％なり10％なり、自分なりの予想をしていただけただろうか。

下記の表[1]は、令和４年７月５日24時時点での新型コロナウイルスでの致死率である。

	10歳未満	10代	20代	30代	40代	50代	60代	70代	80代	計
計	0.0	0.0	0.0	0.0	0.0	0.1	0.5	2.0	5.9	0.3
男	0.0	0.0	0.0	0.0	0.0	0.2	0.7	2.8	8.2	0.4
女	0.0	0.0	0.0	0.0	0.0	0.1	0.2	1.2	4.6	0.3

（厚生労働省『新型コロナウイルス感染症の国内発生動向：
２０２２年７月５日２４時時点』）

1　厚生労働省『国内の発生状況など』https://www.mhlw.go.jp/stf/covid-19/kokunainohasseijoukyou.html

なんと、40代まで「0・0%」が続く。50代、60代ともに低く、70代になってようやく1~2%に到達する。

「人が亡くなっているのだから重大なことじゃないか」と思う方もいるかもしれないが、例えばコロナ騒動が始まる2018年には年間で136万2470人が死亡している。その年の日本の人口は約1億2644万3000人だったので、コロナがなくても日本人の1%程度は毎年亡くなる計算になる。

コロナウイルス感染者の死亡率の方が低いくらいなのだから、恐れる必要があるようには思えない（さらに、後述するが、このコロナの死亡率のデータすらも正確なものではない）。

このようなデータを表に出さず、「コロナは怖い」「本日〇〇人が感染」などという印象を植え付けた政府やメディアは一切信用できないと言っても過言ではない。政府やメディアの信用の〝できなさ〟を再確認した。

またWHOによれば、2023年1月30日までに、683万3388件のコロナによる死亡が確認されているそうだ[2]。この数字に対して、「多い」と思う方も多いと思うが、そもそもＰＣＲ検査を元にしたデータなので、正確性はかなり低い（ＰＣＲ検査についても後述する）。

もしこのデータが正確だとしても、実はコロナ死の件数はアルコールの摂取による死の件数よりも少ない。日本ＷＨＯ協会によれば、世界で一年間にアルコールの過剰摂取で亡くなる人の数は年間で３００万人ほどだそうだ。コロナは、３年と少しで約６８０万人（１年で約２２７万人）である。もしコロナのために自粛・マスク・ワクチンをしなければいけないのであれば、アルコールも禁止しなければならない。アルコールの摂取の方が、コロナに感染するより危ないのである。この世界で行われていることは、全く筋が通っていない。

また、意外と多くの人が知らないことだが、そもそも「コロナウイルス」というウイルスは以前から存在し、毎年、風邪やインフルエンザ、肺炎などの原因になっている。今回のコロナウイルスに関してなぜ特別視をしているのかもよくわからない上、今まで

2　WHO, WHO Coronavirus (COVID-19) Dashboard, https://covid19.who.int/

のコロナウイルスと今回のコロナウイルスの違いを見分けることがそもそも難しいことである。

曖昧すぎるデータ

ここまでの話だけでも政府やメディアの失態は明らかだが、さらに政府の信用を落とす事実にも触れておこう。

もし、本当に日本政府が「国民の健康を守りたい」と思ってこのような行動をしているのであれば百歩譲って許せるが、実は彼らは〝意図的に〟コロナ騒動を作り上げている可能性すらある。

次項は、厚生労働省新型コロナウイルス感染症対策推進本部から、各都道府県、保健所設置市、特別区衛生主管部（局）への事務連絡の内容である。

問1　2月7日、2月14日の事務連絡では、「新型コロナウイルス感染症患者が死亡したとき」に、速やかに厚生労働省に報告するとあるが、どのような状況に報告すべきか。

（答）

○　新型コロナウイルス感染症を原死因とした死亡数については、人口動態調査の「死亡票」を集計して死因別の死亡数を把握することになりますが、死因選択や精査に一定の時間がかかります。

○　厚生労働省としては、可能な範囲で速やかに死亡者数を把握する観点から、感染症法に基づく報告による新型コロナウイルス感染症の陽性者であって、亡くなった方を集計して公表する取扱いとしています。

○　したがって、事務連絡中の「新型コロナウイルス感染症患者が死亡したとき」については、厳密な死因を問いません。新型コロナウイルス感染症の陽性者であって、入院中や療養中に亡くなった方については、都道府県等において公表するとともに、厚生労働省への報告を行うようお願いいたします。

この文書がインターネット上から消されてしまう可能性も考慮し、次項にスクリーンショットも載せておく[3]。

書いてあるように、各都道府県などがコロナウイルスによる死を報告する際には、「厳密な死因を問わない」とされている。

たしかに「死因の選択や精査に一定の時間がかかる」とも書いてあるので、「厳密な死因は分からずともとりあえずコロナで死亡した可能性のある人の人数を把握したい」という言い分は理解できなくもない。しかしその〝とりあえず〟の人数が結局世間ではコロナ死の絶対数として扱われている。

3 厚生労働省『新型コロナウイルス感染症患者の急変及び死亡時の連絡について』2020年。https://www.mhlw.go.jp/content/000641629.pdf

例えば大津秀一医師が書いた Yahoo!ニュースの記事[4]の中では『厳密な死因の確認には5ヶ月以上かかる』と記載されている。しかし現実的に、この書籍を書いている2022年7月16日現在、2022年7月5日時点でのコロナでの死者が厚生労働省のホームページで確認ができる。公式的な発表においても、とてもコロナの死因を厳密に突き止めてから発表しているとは言い難いのである。

4　大津秀一『「厚労省が新型コロナの死亡者数を水増しする通達を出している」は正しくない情報　医師が解説』2021年。
https://news.yahoo.co.jp/byline/otsushuichi/20210528-00239905

> 問1　2月7日、2月14日の事務連絡では、「新型コロナウイルス感染症患者が死亡したとき」に、速やかに厚生労働省に報告するとあるが、どのような状況に報告すべきか。
>
> （答）
>
> ○　新型コロナウイルス感染症を原死因とした死亡数については、人口動態調査の「死亡票」を集計して死因別の死亡数を把握することになりますが、死因選択や精査に一定の時間がかかります。
>
> ○　厚生労働省としては、可能な範囲で速やかに死亡者数を把握する観点から、感染症法に基づく報告による新型コロナウイルス感染症の陽性者であって、亡くなった方を集計して公表する取扱いとしています。
>
> ○　したがって、事務連絡中の「新型コロナウイルス感染症患者が死亡したとき」については、厳密な死因を問いません。新型コロナウイルス感染症の陽性者であって、入院中や療養中に亡くなった方については、都道府県等において公表するとともに、厚生労働省への報告を行うようお願いいたします。

（厚生労働省『新型コロナウイルス感染症患者の急変及び死亡時の連絡について』）

さらに、２０２０年6月の読売新聞の記事[5]によれば、「死者」の定義が、自治体ごとに異なるそうだ。感染者が亡くなった場合、多くの自治体がそのまま「死者」として集計しているが、一部では死因が別にあると判断したケースを除外しているそうだ。本来であれば、後者の自治体のように、死因が別である場合は除外すべきだが、多くの自治体はそれをしていないということだ。

言い換えれば、コロナウイルスの検査で陽性となった患者が、他の病気が原因で亡くなったとしても、コロナ死としてカウントされているということである。コロナがその死に与えた影響が０・１％で、残りの99・９％が他の死因だとしても、それは「コロナで亡くなった」ということになるのだ。

つまり、コロナ死の数は〝盛られている〟ことが多いと考えるのが妥当だ。先ほど私が出した表ですら致死率が低いのに、実際はもっと低いはずである。

これほどまでに致死率が低い病気で大騒ぎをしていたのだから、「茶番だ」と言われても仕方がない。

5　読売新聞オンライン『「コロナ死」定義、自治体に差…感染者でも別の死因判断で除外も』2020年。
https://www.yomiuri.co.jp/national/20200614-OYT1T50084

メディアの発表においても同じである。コロナ騒動が始まった後、某有名人が「コロナで亡くなった」としてメディアは国民の不安を煽ったが、もちろん厳密な死因などは考慮されていない。少なくともアメリカでは、コロナで亡くなったとされる人の95％はコロナのみではなく別の疾患も抱えていた。

つまり、本当の意味でコロナで亡くなった人は、「コロナで亡くなった」とされている人の中のたった５％でしかない。そう考えると、やはりＰ19に示した表のデータですら〝盛られている〟ということになり、コロナでの死亡率は非常に低く、コロナウイルスの毒性は非常に低いと言わざるを得ない。

コロナ＝インフル以下

２０２２年11月7日に財務省が発表した『社会保障』という名の資料内で、新型コロナと季節性インフルエンザの重症化率や致死率が比較されていた[6]。

ご覧のように、コロナ第7波の重症化率や致死率は、季節性インフルエンザよりも低くなっている。この時点で、全てのコロナ対策を終えてもいい、もしくはインフルエンザが流行っている時の同じ警戒レベルまで下げていいはずだが、そんな兆しは一切なかった。

6 財務省『社会保障』2022年。https://www.mof.go.jp/about_mof/councils/fiscal_system_council/sub-of_fiscal_system/proceedings/material/zaiseia20221107/01.pdf

第7波（BA4.5）（R4.6.25～8.21）		季節性インフルエンザ（H29. 9 ～R2.8）	
重症化率	致死率	重症化率	致死率
0.01%	0.004%	0.03%	0.01%
0.14%	0.475%	0.79%	0.55%

（財務省『社会保障』）

このようなデータが〝財務省〟の資料の中にあるというのも非常に違和感を覚える。
なぜ、厚生労働省ではないのか。
なぜ、文部科学省ではないのか。
そして、メディアもこのようなデータは報道しない。

本書で繰り返し述べているように、そもそもコロナに関するデータそのものが当てにならないのだが、国が季節性インフルエンザよりも弱いというデータを出しているにもかかわらず、まだコロナ騒動を終わらせないということは、何か終わらせたくない、または終わらせることができない理由があるのだろう。

なお、この資料では注意書きとして次のように記されていたので、念の為引用しておく。

> 季節性インフルエンザはＮＤＢにおける２０１７年９月から２０２０年８月までに診断または抗インフルエンザ薬を処方された患者のうち、28日以内に死亡または重症化（死亡）した割合である。新型コロナは協力の得られた３自治体のデータを使用し、デルタ株流行

期の場合は2021年7月から10月、オミクロン株流行期の場合は2022年1月から2月までに診断された陽性者のうち、死亡または重症化（死亡）した割合であり、感染者が療養解除した時点、入院期間が終了した時点、デルタ株流行期の場合は届出から二ヶ月以上経過した時点、又はオミクロン株流行期の場合は令和4年3月31日時点でのステータスに基づき算出している。年齢階級別の重症化率においても概ね同様の傾向が見られるが、比較する際にはデータソースの違いや背景因子が調整されていない点等に留意が必要。

飲食店いじめ

政府が「コロナ対策」として、飲食店等に休業や営業時間の短縮等を要請したことは記憶に新しい。コロナが飲食店で広まっているという明確な根拠もないまま、飲食店は営業ができなくなったり、営業時間の短縮をせざるを得なくなった。

特に酒を飲む場所への〝いじめ〟はひどく、バーなどは20時から開店する店なども多いにもかかわらず、20時での閉店を余儀なくされた。ビジネスが完全に停止してしまったわけだ。

いわゆる夜のお店への客入りも減った。後に述べるが、コロナ騒動により若者の自殺は増えてしまったが、こういったお店で働く若者たちにも影響があったに違いない。いわば風邪から老人を救うために、若者の生活や命を犠牲にしてしまったのである。

本当に最悪の対策であった。

2023年3月13日以降もマスクを推奨

２０２３年２月に、厚生労働省は同年３月13日以降は、「マスクの着用は個人の判断が基本となります」とした[7]。これにはツッコミどころが2つある。

まず、マスクの着用はそもそも個人の判断である。国民にマスクの着用を強制できる法律も憲法もない（余談だが、もし緊急事態条項が導入されてしまったら、そのようなことも可能になる可能性がある。それについては、最終章でも少し触れる）。それにもかかわらず、厚生労働省は、その「任意性」についてあまり触れてこず、マスクの着用は強制であるという印象を与え続けてきた。

もう一点は、なぜ3月13日なのかという点である。コロナウイルスというのは、3月12日までは強くて、3月13日になったら弱まるのであろうか？　もちろんそんなことはない。なぜ2月の段階で未来を予知し、3月13日からOKということにしたのだろうか。なんらかのタイミングを見計らってこの日付にしているのだろうが、根拠がないし、国民への説明もない。しかも通勤ラッシュ時などには引き続きマスクの着用を推奨してしまっており、これでは日本人の脱マスクがさらに遅れてしまう。実際に、２０２３年3月21日現在、ほとんどの人がマスクを外していない。厚生労働省が屋外でのマスクは原則不要だと言っているにもかかわらず、屋外でも多くの人がマスクをしている。

7　厚生労働省『マスクの着用について』https://www.mhlw.go.jp/stf/seisakunitsuite/bunya/kansentaisaku_00001.html#:~:text=これまで屋外では、マスク,配慮をお願いします%E3%80%82

文部科学省も、「学校教育活動においては、児童生徒及び教職員に対して、マスクの着用を求めないことが基本」としながらも、「登下校時に通勤ラッシュ時等混雑した電車やバスを利用する場合や、校外学習等において医療機関や高齢者施設等を訪問する場合など、マスクの着用が推奨される場面においては、児童生徒及び教職員についても、マスクを着用することが推奨されます」と、児童にまでマスクの着用を推奨してしまっている[8]。

日本だけが悪いわけではない

念のために述べておくが、日本政府や日本のメディアだけがこのような〝悪行〟をしているわけではない。アメリカをはじめ他国でも、「コロナ煽り」は大流行りであった。

8　文部科学省『学校における新型コロナウイルス感染症に関する衛生管理マニュアル』2023年。
https://www.mext.go.jp/content/20230316-mxt_kouhou01-000004520_1.pdf

むしろワクチンにおいては、接種が強制ではない日本は、強制もしくはほぼ強制している他国に比べればまだマシである。例えば、外国ではワクチンが事実上強制されていることも多いが、日本ではずっと任意であった（実質強制されてしまった人がいることもわかってはいるが）。

法務省も、「新型コロナウイルス感染症に関連した偏見や差別をなくしましょう」と述べている[9]。

とはいえ、日本政府が若者の命や中小企業の利益などを犠牲にし、過剰なコロナ対策を行ったことは間違いない。

普段私は英語教育について話す際に、「日本の英語教育は…」と日本批判をすることが多い。実際に日本人は他国と比べると英語力が低いので、あながちこのような言い回しをすることは間違っていないとは思う。

しかし、英語教育に関しても、「この国（この人）は完璧だ」と思えるケースはやは

9　法務省『新型コロナウイルス感染症に関連した偏見や差別をなくしましょう』
https://www.moj.go.jp/JINKEN/stop_coronasabetsu.html

り少なく、他国においても欠陥があることは間違いない。

日本は、マスクの着用については非常に進歩が遅い。詳しくは後述するが、他国に比べるとマスク着用率が高く、この点においてはかなり遅れている、もしくは日本人のキャラクターを象徴しているように思える。

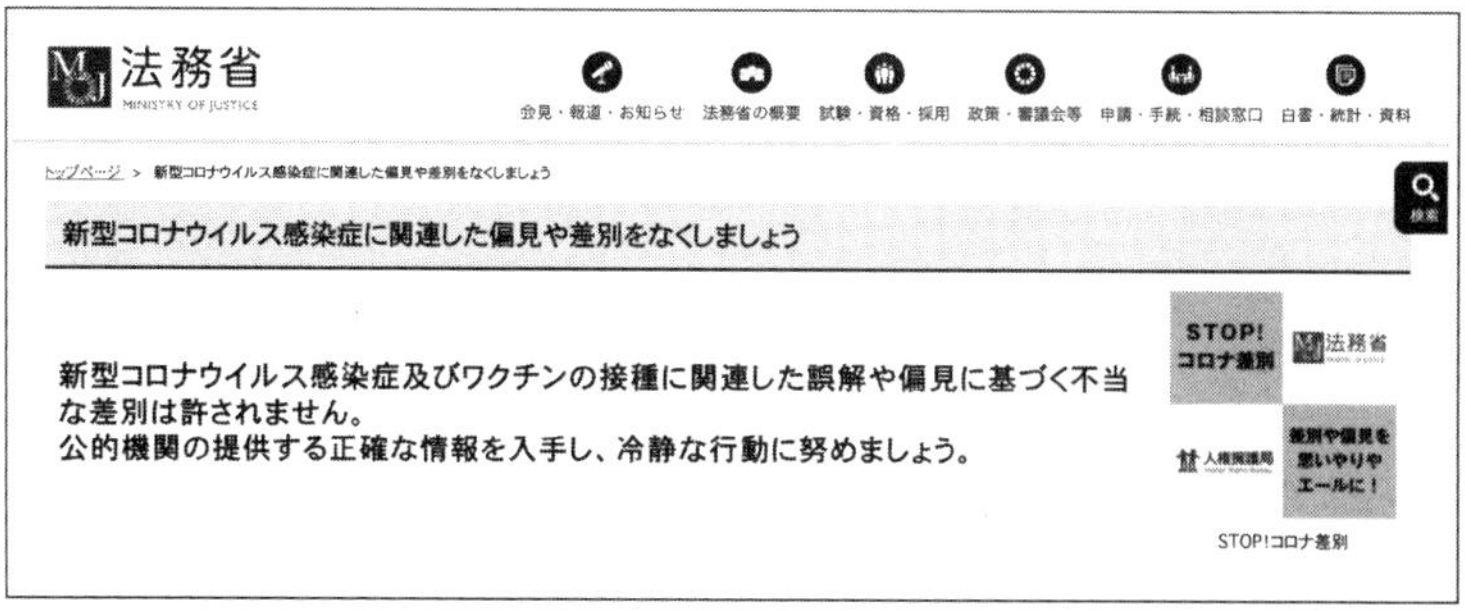

（法務省『新型コロナウイルス感染症に関連した偏見や差別をなくしましょう』）

記憶に新しいレジ袋有料化

コロナ禍で政府が信用ならない、とさらに気付かされたことは述べた通りだが、もちろんこれまでにも予兆はあった。というより、日本政府のやることなど元々めちゃくちゃであった。

記憶に新しい例の中の1つが、レジ袋の有料化だ。今ではすっかり当たり前になってしまい、批判する人なども少なくなってきたが、これは本当に馬鹿げた政策であった。元中部大学教授の武田邦彦先生などは、この政策のことを「日本人を徹底的に馬鹿にした政策のトップ」などと表現している。

次項は武田先生のブログ[10]からの引用である。

10　選挙ドットコム、https://go2senkyo.com/seijika/183500/posts/359113

レジ袋の使用をやめたところで環境汚染の改善効果はほとんどないというのが、科学者としての私の認識です。

日本の各自治体が収集するゴミに占めるレジ袋の割合がどれくらいかご存知でしょうか。わずか「０・４％」です。

そして、有料化によりレジ袋の使用量が減った一方、代替品のエコバッグが大量に生産されるようになりました。それにより、エコバッグの主原料であるポリエチレン（プラスチックの一種）の使用量は増加しています。

私が計算したところによると、レジ袋とエコバッグの製造コストを比較した場合、エコバッグのほうが約２倍のコストがかかることがわかりました。

これでは本当のエコロジーとは言えません。

～中略～

当初こそ自然環境への影響を懸念する声が多かったものの、さまざまな科学的な検証の結果、プラスチックのほとんどは自然分解されることがわかってきています。

プラスチックの原料である石油は、もともとは数億年前の生物の死骸が化石化したものです。石油の素材そのものが自然由来ですから、放っておけば分解されて土に還りますし、燃やせば炭素となって微生物の栄養にもなるのです。

つまり、そもそもレジ袋というのはゴミの中のごく一部であることに加え、プラスチックが環境に悪いという説そのものが嘘であるという可能性が高いというわけだ。

このような専門家の意見を聞くこともせず、どんどん意味のない政策を行っていくのは、ある意味日本政府の特色である。

記憶に新しいキャッシュレス推進

キャッシュレス決算が推進されたことも記憶に新しい。このキャンペーン[11]でも、政府が当てにならないということが示された。「どういうことだ、私たちは得をしたんだからいいだろう」と思う方も多いだろう。

11 経済産業省、https://www.meti.go.jp/policy/mono_info_service/cashless/cashless_payment_promotion_program/consumer_leaf_introduction.pdf

このキャンペーンでは、対象の店舗でクレジットカード・デビットカード・電子マネー・ＱＲコードなどを使って代金を支払うと原則として５％、フランチャイズチェーン傘下の中小・小規模店舗などでは２％が還元された。

ではなぜ、このキャンペーンを行うことが政府の信用の〝ならなさ〟につながるのか。

それは、キャッシュレスとは国民に得をさせる行為ではなく、国民により出費をさせる行為だからである。

デビッド・クルーガーの『「お金」のシークレット』によれば、クレジットカードを使うことにより、出費は平均23％も増えるそうだ[12]。カードのグ

12　デビッド・クルーガー『「お金」のシークレット』神田昌典訳、三笠書房。

（経済産業省）

レードを上げるために、必要以上に出費してしまう人もいることだろう。

また、クレジットカードのみならず、お金を別の形に変えることによって出費が増すそうだ。例えば、カジノでは実際のお金ではなく、チップを使うことによって、出費が増える。それをわかって、カジノでは「架空のお金＝チップ」を使って、人々により多くのお金を使わせているそうだ。バーチャルなお金、つまり電子マネーも同様で、実際のお金を使わないことによって、出費が増える。つまり、今回のキャッシュレス騒動の中で、「やったー、便利な支払いに移行しよう」と考えていた人は、まんまと罠にハマっていることになる。

「デビットカードは現金感覚で使える」という宣伝文句も有名だが、実際には異なるものだ。例えば、預金口座に１００万円を入れている人が財布に入れる現金は、せいぜい多くても５万円から10万円であろう。「５万円が入っている財布から３万円使う」となるとかなり大きな金額を使っているように感じるだろう。しかし「１００万円が入っている口座から３万円を使う」となると、かなりハードルが下がる。人には１００万円分の３であるバーチャルなお金より、目の前に実際に存在する１万円札３枚の方が重く感じるのだ。

もちろん、それをわかった上で利用している人は別だ。お金よりも時間の方が大切な人もいるだろう。お金が余るほどある人にとっては、キャッシュレスによる出費の増加など気にならないだろう。自分の応援している店のために、より多くお金を使うことは決して悪いことではない。

しかしそういった人は少数で、実際には気付かないうちにより多くの出費をさせられている人が大半だと思われる。

なお、このキャッシュレスキャンペーンが始まった２０１９年10月というのは消費税が８％から10％に上がったタイミングとも被っており、それによる出費の減少を抑える目的もあったのではないかと勘繰ってしまう。

英語教育も例外ではない

もちろん、英語教育も例外ではない。今回のコロナ騒動で政府や学校教育が全く信用ならないことに気付いた方は多いと思うが、これは全く今に始まったことではない。英語教育などを見れば、政府や学校教育なんてとうの昔から全く使いものになっていない。

日本の学校で英語を学んでも英語はできるようにならないとわかっているのに、何もしない。国民も国民で何も疑問を持たない。コロナ騒動でいえば、「ワクチンを2回打てば終わる」と言われていたのに終わらない。それにもかかわらず怒らない。私のように疑問を呈する者がいれば叩く、それが日本である。

よく「政治家のレベルは国民のレベルを反映する」というが、当たっている部分も多いと思う。「英語ができるようにならないとわかっている」教育を受けているにもかかわらず、それに従ってテストで点数を取る子供を「いい子供」と定義する教育には、疑問を持ったり反発したりするのが普通だと思うが、それをする人はほとんどいない。むしろそのまま「いい子供」にさせようとする大人が多い。

英語教育に関しては、私たちの周りに多くのサンプルがいるはずである。自分の両親、友人などの中で、真面目に勉強をしていた人たちは、英語ができるであろうか。多くの場合、できないはずである。しっかりと勉強をしていない人ができないのであればまだ納得がいくが、日本では、真面目に勉強をしても英語ができるようにならないのである。

たとえ東大に入っても、英語が話せる能力が付いてる訳ではない。東大の入試に出てくる問題は解けるかもしれないが、実社会で英語ができるかというと、決してそういう訳ではない。この状況を疑問に思わない方が不思議である。

もし、日本の英語教育も〝意図的に〟ダメにされているとしたら、そこにどんな目的があるのだろうか。「優秀な人材を海外に出さないようにしている」などの噂はあるが、これに関しても証拠は掴めない。「現在の日本の英語教育は過去に英語の情報を日本に取り入れようとしていた時の名残りであり、それが大きく変わっていないだけ」という説もある。

英語教育の詳しい改善点などについては、後ほど述べる。

日本政府も誰かの下

ここまで「日本政府は信用できない」ということを述べてきたが、おそらく自分たちがやっていることが間違っていることは、政治家自身が一番わかっている。

よく、「ジャンクフードの会社の社長（社員）は、自分の会社の食べ物を食べない」などという話があるが、そんな感じであろう。

その証拠に、コロナ騒動が始まって国民に自粛をするように持ちかけたにもかかわらず、新型コロナウイルス感染症対策を担う厚生労働省の職員23人が深夜まで飲食店で送別会をしていたことが話題になったりした[13]。炎上した理由は、「自粛を呼びかけている本人たちが遅くまで飲み会をしてコロナが広がったらどうするんだ」ということであろうが、この出来事はもっと高い視点から見る必要があると考えている。なぜ彼らがこ

13 読売新聞オンライン『政府が注意喚起の中…．厚労省23人深夜まで送別会　与野党「看過できない」「どういう心理で」』２０２１年。https://www.tokyo-np.co.jp/article/94795

んなことができたかというと、「コロナは大した病気ではない」ということをわかっていたからに他ならない。このようなことがあった際には、コロナが危ないかどうかという問題よりも、「そもそも彼らの言っていることが嘘ではないのか」という視点を持つことが重要だ。

では、日本政府がなぜわかってこのようなことをしているのかというと、どうやら「何者かから命令をされている」という説が有力なようだ。話題になった、ごぼうの党の党首の奥野氏によれば、その正体は「ユダヤ金融資本」とされている。これが本当かどうかはわからないが、ここ数年間の日本政府の行動を見ていると、やはり何者かに誘導されていると考える方が、辻褄が合うと思っている。ここ数年間のコロナ騒動で日本政府がついてきた〝ウソ〟はあまりにもわかりやすかったからだ。医療の専門家ではない私でも、コロナ騒動が始まってから数ヶ月後には政府の言っていることのおかしさに気付いた。

あくまで証拠がないので本書内では「日本政府は」と言っているが、彼らはその行動を〝させられている〟操り人形であるという可能性もここでは述べておく。

大富豪はさらに大富豪に

もしコロナ騒動を操っている何者かがいたとして、その組織や人物が大金持ちであることは間違いないだろう。

ちなみにコロナ騒動によって、世界の大富豪たちはさらに富を増やした。Institute for Policy Studies によれば、米国の億万長者の総資産は２０２０年12月に４兆ドルに達した。そしてそのうちの１兆ドル以上が、（偽）パンデミックが始まった２０２２年３月以降に作られている。そして４５５０万人のアメリカ人が失業をしている間に、29人の新しい億万長者が誕生している[14]。

ここでは名前は挙げないが、多くの億万長者はコロナ騒動の間もビジネスを続けられるどころか、むしろ発展できる人たちである。彼らは庶民を見捨て、自分たちの富の獲

14 Doctor Mercola, Joseph, Ronnie Cummins, The Truth About COVID-19: Exposing The Great Reset, Lockdowns, Vaccine Passports, and the New Normal. Chelsea Green Publishing.2021.

得を優先したわけである。その中には、いい人のフリをしてコロナ騒動を煽っている人物もいる。実に闇が深い。

なぜメディアが当てにならないか

政府が当てにならないことは述べた通りだが、それはコロナに関して不正確な情報を垂れ流してきたメディアにも言えることだ。

今思えば、やはりコロナ騒動はテレビから始まった。

私は普段はテレビを見ないが、外に出ればテレビが置いてある場所もあるので、たまにはテレビの内容が目に入ってくる。コロナ騒動が始まった当初、「国内で新型コロナウイルスの感染者が１人出ました」という報道を耳にした。当時の私は、「報道するということはこれは怖いウイルスなんだ」と思い、まんまと影響されてしまった。

その数ヶ月後に、コロナは怖くないということがわかったが、当時の私は恥ずかしながら、テレビに影響されてしまっていた。そういう意味では、私はコロナを怖がっている人を責めるつもりも馬鹿にするつもりもない（しかし、２０２３年の段階でコロナを怖がっているのはさすがに勉強不足かなとは思う）。

話を戻そう。「なぜメディアが信用ならないか」ということだが、最も簡単な理由の1つは、政府や製薬会社がスポンサーだからである。

テレビをつければ、政府が用意した「ワクチンを打ちましょう」のＣＭや、製薬会社のワクチンのＣＭが流れている。これらのスポンサーたちのための報道をするのであれば、やはり「コロナは怖い！」「ワクチンを打ちましょう！」としか言えないのである。

テレビはかなりバイアスのかかっているメディアだということである。

「百歳代女性死亡」

某新聞社は、コロナ騒動中に「百歳代女性がコロナで死亡」などと報道していた。このような死も「コロナ死」としてカウントされてしまうわけだが、このような報道に一体何の意味があるのであろう。

百歳代で死亡ならば、長生きした方だし、それは寿命で亡くなった可能性も高い。そのような人が例えばガンで亡くなったとしても全く報道しないのに（長寿記録を作った人などであれば別だろうが）、なぜコロナに関しては報道するのか。

メディア、そして国民は、「風邪は万病のもと」と言われているのを忘れてしまったのだろうか。百歳代の方が風邪をひいてそれが何らかの病気に転じるなどして亡くなってしまうことなど、何ら不思議ではない。

Google や YouTube の情報規制

テレビなどのメディアが当てにならないのであれば、ネットや動画サイトはどうなのであろう。

ネットや YouTube などに関して私の考えを述べると、「若干マシ」というところである。なぜなら、例えばテレビは限られたチャンネルしか存在せず、その中で確実に情報規制ができるが、YouTube 内には無限にチャンネルを作ることができるからである。言い換えれば、Google や YouTube 上には、良質な情報もそうでない情報も両方存在できるということだ。

「つまり Google や YouTube は平等なメディアなんだ！」

と思った方は、安直である。

例えばYouTubeは、明確に情報規制をしている。以下のスクリーンショットは、私のYouTubeスタジオに表示されているメッセージである。

以前、私が『コロナ騒動と英語教育は似ていた②人は有害なものを有益と思い込む。』という動画をあげて、マスクについて話したところ、「誤った医療情報」として削除されてしまった。私だけでなく、コロナ騒動に関してYouTube上で話をしている多くの方が、このようなことを経験している。それにより私たちは、もしYouTube上で話をする場合は、YouTubeのガイドラインに引っかからないようにうまく話をしなければならないのである。

またYouTubeでは、たとえ削除されなくても、「検索結果に表示しない」という手も使っているようである。

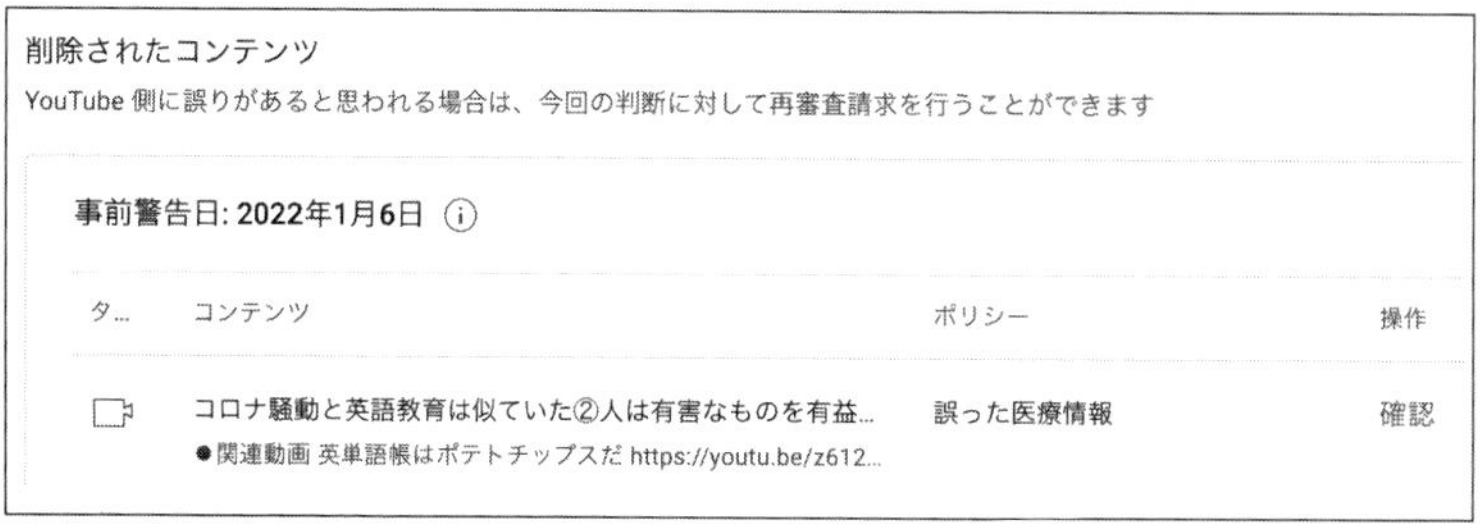

YouTube 側に誤りがあると思われる場合は、今回の判断に対して再審査請求を行うことができます

事前警告日: 2022年1月6日 (i)

タ...	コンテンツ	ポリシー	操作
🎬	コロナ騒動と英語教育は似ていた②人は有害なものを有益... ●関連動画 英単語帳はポテトチップスだ https://youtu.be/z612...	誤った医療情報	確認

以前私は、石神井公園の歯科と矯正歯科の木部雅也先生とコロナ騒動について YouTube 上で対談をした。この動画は、現在でも閲覧できるので、ぜひ見ていただければと思う。ちなみに対談中も、ワクチンをことを「ワク」と呼ぶなど、規制に引っかからないように若干気を使った。

こちらの動画でも、マスク、ワクチンの効果、PCR検査の有効性など、いわゆる「コロナを広めたい人たち」にとっては不都合な話をした。

しかしこの動画は、検索結果に(全くではないが)出てこないようになっている。例えば YouTube で、「石井丞　単語」のように、英語学習関連の動画を検索しようとすると、『【核心に迫る】英単語の覚え方』という、それに関連する動画が出てくる。

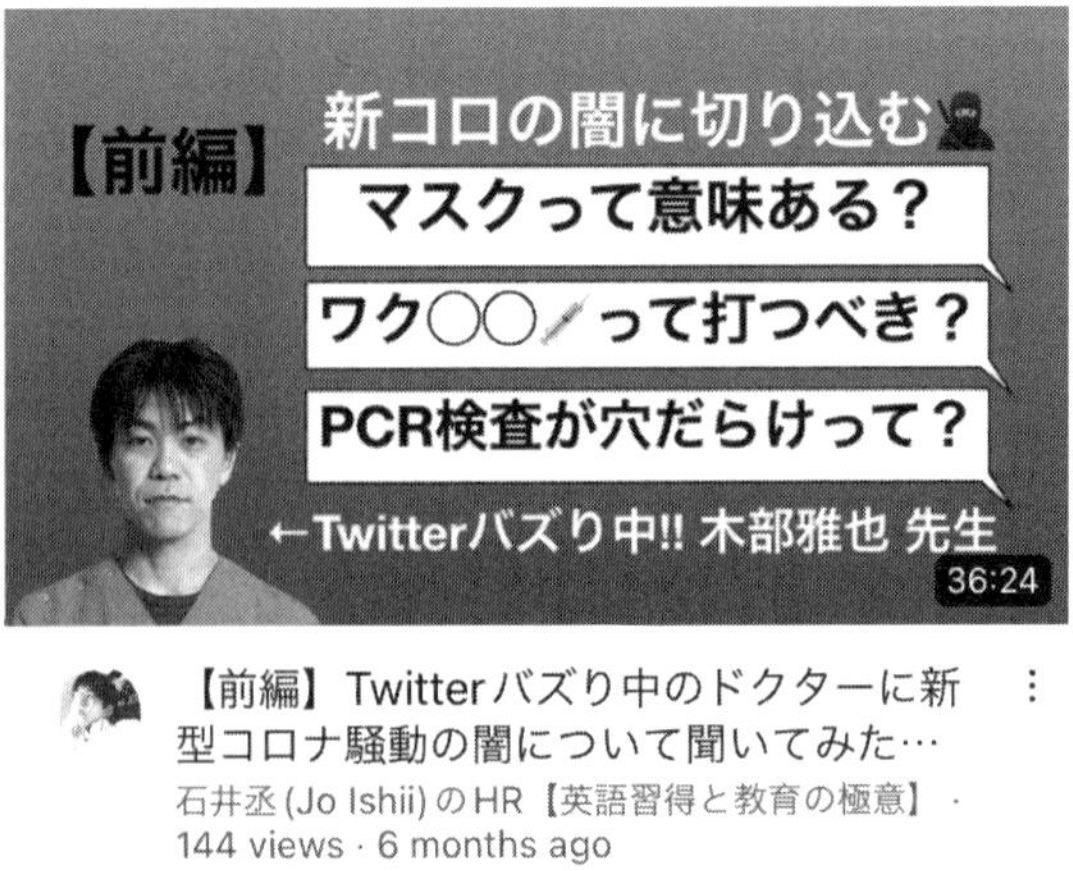
【前編】
新コロの闇に切り込む
マスクって意味ある？
ワク○○って打つべき？
PCR検査が穴だらけって？
←Twitterバズり中!! 木部雅也 先生
36:24
【前編】Twitterバズり中のドクターに新型コロナ騒動の闇について聞いてみた…
石井丞 (Jo Ishii) のHR【英語習得と教育の極意】·
144 views · 6 months ago

しかし、「石井丞　コロナ」と検索をかけても、先ほどの木部先生との対談動画は出てこない。

同じように、同動画のタイトル内の表現を使って、「新型コロナ騒動の闇について聞いてみた」と検索をかけても、この動画は検索結果に表示されない。

つまり私たちが見ている情報というのは操作されていて、「見たい情報」ではなく「見させられている情報」を見ているのである。

これではYouTubeは平等なメディアとは言えない。YouTube上でこのよう

なことが行われるということは、同じ会社である Google の検索結果でもこのようなことが起きている可能性が高い。

なお、英語教育に関しては、現在特に情報規制が行われているようには見えない。私自身も、英語教育に関する動画をあげて YouTube の規制に引っかかったことはない。

インフルエンサーの可能性

政府やメディアが当てにならないことはすでに述べた通りだ。しかし我々が政府やメディアに立ち向かっても、やはり彼らが変わってくれる可能性は低いと思われる。

そこで重要になってくるのが、勇気のあるインフルエンサーだ。

日本でも２０２２年９月現在、コロナ騒動の一連のおかしさに気付いたインフルエンサーたちが声をあげている。しかしその多くは、フォロワー数が数十万人の〝中堅層〟といった感じで、〝大物〟が声をあげることは少ない。やはり批判を恐れたり、芸能界から干されたり、事務所から許可がでないなどの理由は大きいだろう。人気であればあるほど事務所に所属している可能性も上がるだろうし、芸能人であれば、やはりテレビ番組のスポンサーである製薬会社などに反抗することができる人は少ないであろう（それでも、声をあげている人はいるので、そういう人には敬意を払いたい）。

登録者が何百万人といるYouTuberなどが声をあげれば、間違いなく世間の認識は変わってくるだろう。

ちなみに私は、今後同じような騒動が起こったとしても、大物YouTuberたちは状況を一変できるキーパーソンであると考えている。大物YouTuberの中には子供たちのヒーロー的な存在である人たちもおり、憧れの的だ。その人たちが声をあげれば、何より子供たちの命や健康を守ることに直結する。

実は大物YouTuberの何人かは、「コロナ煽り」をしている側の人たちだった。彼らは小池百合子東京都知事や河野太郎大臣、コロナ患者などと対談をし、視聴者に外出を控えたり、ワクチンを接種するように訴えるなどしていた。国民や子供たちからの大きな信頼を得ている人たちがこのような動画を上げれば、国民も「コロナってやっぱ怖いんだ」と思うであろう。彼らがコロナ騒動を作る一員となっていたことは間違いない。

しかし、例えばある YouTuber は、2022年以降、コロナに関する動画は上げていない。私の推測としては、すでにコロナは動画で注意喚起をするほどの病気ではないことに気付いていると考えている。大物なので、その情報を得られないとは考えづらい。

もしそうであるなら、過去に「コロナ煽り」をしてしまったことを反省し、ぜひとも「コロナは終わりにしてもいい」という趣旨の動画を上げて頂きたかった。「コロナは終わりにしてもいい」というのがステートメントとして強すぎるのであれば、例えば専門家を呼んで「子供にマスクやワクチンは必要ない」くらいのことは言って頂きたかった。過去の自分の発言を否定するのが怖いのであれば、「コロナは十分弱毒化した」などでもよかったと思う。

もう1つ興味深いのは、この大物 YouTuber がワクチンについて触れないことだ。実は彼は以前動画内で、インフルエンザワクチンを打たないことを公言している。「自然に生きてて体に入らないものは入れるべきではない」とのことだ。ここから推測するに、彼はコロナワクチンを打っていない可能性が高い。ワクチンの危険性にも気付いている可能性が高い。もしそうであるなら、人々の命を救うために、ワクチンについての動画もぜひ上げて頂きたい。

念の為述べておくが、私はこの YouTuber のアンチなどではない。むしろ好印象だ。真面目で誠実そうな人に見える。私にはとてもできない金額の募金を被災地などのためにしていることもあり、そういったところには敬意を表したい。だからこそ、期待を込めてこのようなことを書かせていただいた。大手事務所に所属する YouTuber はほぼ芸能人のようなものなので難しいことなのかもしれないが、彼の良心を信じたい。

第2章 「先生」は偉くもないし凄くもない

英語教育とコロナ騒動は似ていた

先生の意味とは

「先生」という単語も、コロナ騒動、英語教育において頻繁に登場する単語の1つである。コロナ騒動においては主に医者、英語教育においては教員がこれに当たるだろう。「先生」とは文字通り「先に生まれた」という意味で、年齢による上下関係がかなり厳しく存在する日本においては、尊敬される対象になることが多い。医者、教員だけでなく、弁護士、政治家、作詞家など、一般的には人々から敬われる人が多いだろう。

もちろんこれらの職業の人々がその他の職業に比べると、「人のお手本」のような存在になることを求められることに異論はないだろう。医者は患者の命を何よりも考える存在で、教師は子供のことを何よりも考える存在で、政治家は国民のことを何よりも考える存在であるはずである（理想的には）。

しかし、現実にはもちろんそうでない。そもそも、年上が偉いという考えが差別である。国民は平等なので、年齢によって、どちらが偉いということはない。

ここではこのコロナ禍での〝先生〟たちがしてきたことを振り返って見たいと思う。

金に魂を売った医者

今回のコロナ騒動では、多くの医者はむしろコロナを〝煽る側〟の人たちであった。コロナ対策に反対する医者は多くはいなかった。

それどころか、消毒やマスクの強制など、本来してはいけないことを堂々とする医者ばかりであった。入院中の家族に会わせてくれない病院や、出産の時に妊婦にマスクをさせる病院、ＰＣＲ検査で陽性になったからといって帝王切開を行う病院まであった。

ちなみに下記の厚生労働省ホームページ[1]にあるように、妊婦のマスクの着用については任意であるし（全ての場面においてマスクの着用は任意）、厚生労働省は『分娩方式を帝王切開にすることで、分娩時の児への感染を予防できるという報告はありません。したがって現時点でCOVID-19感染と診断されたからといって、「帝王切開を行わなければならない」ということはありません。』としている。

良心でこのようなことを行っていた医者もいるだろう。しかし、良心で行っていたにしろ、コロナを煽って儲けたいからこのようなことを行っていたにしろ、どちらにしても医者は信用できないということになる（詳しくは書かないが、ワクチン接種の提供やコロナ患者用の病床の確保は、かなり儲かる。今回の騒動で、一気に億万長者になった医者もい

1 厚生労働省『新型コロナウイルスに関するQ&A（一般の方向け）』https://www.mhlw.go.jp/stf/seisakunitsuite/bunya/kenkou_iryou/dengue_fever_qa_00001.html#Q6-7

問3　妊婦がマスクをすることは必須なのですか。
マスクの着用は個人の判断に委ねられます。ただし、妊婦については、重症化リスクが高いとされています。重症化リスクの高い方が、新型コロナウイルス感染症流行期に混雑した場所に行く際には、感染から自身を守るための対策として、マスクの着用が効果的です。また、医療機関受診や訪問時には、マスクの着用が推奨されます。

問4　新型コロナウイルスに感染した場合、分娩方法は帝王切開となるのでしょうか。
これまで、分娩方式を帝王切開にすることで、分娩時の児への感染を予防できるという報告はありません。したがって現時点でCOVID-19感染と診断されたからといって、「帝王切開を行わなければならない」ということはありません。しかし、妊婦の全身状態などを考慮し、分娩時間の短縮が必要と判断される場合は帝王切開となる場合もあります。新生児への感染は、飛沫または接触感染によるものが多いので、分娩後も、母親や家族は接触や飛沫感染に注意する必要があり、母児を一時的に分離することがあります。しかし、母親が感染していても、母親の症状や分娩機関の感染対策等の状況を考慮して母児同室も選択されるため、各分娩機関にご相談ください。

（厚生労働省『新型コロナウイルスに関するQ&A（一般の方向け）』）

る）。

まず、良心で、つまりは自分がやっていることが間違っていると気付かずにこのようなコロナ対策をしていた場合だが、医者として勉強が足りなすぎる。医学素人の私でも、少し調べれば今回のコロナ騒動のおかしさに気付くことができた。それに気付くことができないのであれば、「プロ」の名は返上すべきである。

そして儲けたいからそのようなことをしていた場合、言わずもがな最悪である。「患者を第一に考える」という医者の基本すらできていない。

権威を利用する医者

医者についての悪い噂は、残念ながら日常的に聞くことがある。

例えば、立場を利用して研修医や看護師にセクハラやパワハラを行う医者もいるという。また患者に対して本来必要のない薬を出したり、無理に延命させることなどは日常茶飯事である。

美容外科や矯正歯科では、患者とのトラブルも多い。多くの場合は、裁判費用が高額であったり、もし裁判を行ったとしても患者が病院側のミスを証明することが難しいため、患者が泣き寝入りすることも多い。それをわかった上で、ギリギリのラインをせめて、悪質な治療を行う医院もある。

もちろん、全ての医者がそうというわけではないが、「医者＝偉い」という考えは、持つ必要はないということである。

学校、教師の信頼性も低い

コロナ禍では、学校や教師の信頼度もガクンと落ちた。

一番わかりやすい例は、やはりマスクである。多くの幼稚園や保育園、小学校などでは、小さな子供にまでマスクを強要してしまった。マスクをしながら体育の授業を受けていた小学生が亡くなるという、何とも心が痛む出来事もあった。

本来子供のことを第一に考えているはずである保育士・教諭たちが、子供にとって害になるであろうマスクの着用を強要してしまったのである。「マスクを外していたら怒られた」という生徒からの体験談もよく流れている。

しかしある意味では、保育士や教諭がこのようなことをしてしまうのも説明がつく。学校や教師というのは、基本的には文部科学省が発行する学習指導要領を元に指導を行っている機関である。政府の基準（＝間違った基準）を元にしているのだから、それなりの指導（＝間違った指導）になるのである。

もちろん、幼稚園、保育園、小学校だけでなく、偏差値の高い有名な大学でもマスク着用の強要、ワクチン接種の推奨などが行われていた。

医者と同様に、「教師＝偉い」なんてこともないし、「高偏差値＝立派」だということも一切ない。

私自身の実体験

私自身、元々は高校や大学で実際に英語を教えていた。当時から日本の英語教育のおかしさには気付いており、何度かそれを変えようと試みたこともあった。しかし決して、「こんな教育をしていてはいけません！」と激しく憤りを見せていたわけではない。冷静に話をしていただけである。

しかし、やはり若い１人の教員の意見が、学校全体を変えることはできなかった。私がやりたいように授業をすることはできなくもなかったが、例えば他の教員が日本語を使って英語の授業をしているにもかかわらず私だけが英語で授業をしていると、「平等ではない」と言われることもある。「平等にするために、私と同じやり方で授業をしてくれ」と言われることもあった。「私は英語で授業はできない」という英語教員もいた。英語教員なのに英語で授業ができないとは、なんとも日本らしいエピソードである。

「こんな若造の意見を先輩の俺が易々と受け入れるわけにはいかない」という雰囲気を感じることもあった。とにかく、今までのやり方を大まかには変えない。なぜ日本人が英語ができないかを真剣に突き止めようとはしない。日本人どころか、英語教育のプロである自分たち自身がなぜ英語ができないかも突き止めようとはしない。そのような世界であった。

現在では、若い教員の方が英語教員として優秀である可能性も高い。なぜなら、彼らが大学生の頃、つまりは教員になるために勉強をしていた段階では、すでに、英語の授業は英語で行うことが基本となっていたからである。もちろん、英語で行うことで全てが解決する訳ではないが、典型的な英語の授業を行うよりははるかにマシである。

逆に英語以外の部分（例えば生徒との関わり方など）では、私も年上の教員を参考にしたこともある。

年齢の高い方低い方どちらがいいなどではなく、それぞれに長所を生かし、共有していくことが重要である。

年齢も大きな要因

前述したように、日本には年齢による強烈な上下関係が存在する。「先生＝先に生まれた人」を尊敬しなければいけない風潮と似たように、「年上＝自分よりも偉い人」という概念も存在する。

この風潮は、コロナ禍でのマスクやワクチンの強制、コロナ禍自体の長期継続を促してしまった要因の1つでもある。

例えば職場で、年上の人たちがワクチンを打ち、マスクをしているのならば、もし自分がしたくなくても、それに争って自分の意見を述べることはかなり難しくなる。「私はワクチンを打たないし、マスクもしない」とでも言おうものなら、「変わったやつ」「面倒なやつ」とレッテルを貼られてしまう。

当たり前だが、年齢が上だからといってより優秀だということでもない。これを読んでいる読者の皆様にも、「先輩だぞ」「俺の方がいくつ上だと思っているんだ」という、日本でよく聞くセリフは使わないことをお勧めする。

先ほどテレビなどのメディアを利用しないことを勧めたが、もう１つの理由は、テレビはこの年齢による上下関係（＝差別）を広めてしまっているからである。芸人の世界などでは特に厳しく、大物芸人に対しては若手芸人は必要以上に丁寧に接し、気を使わなければならない。若い人たちが集まる歌手グループなどでも、先輩後輩間の上下関係が厳しい状況を耳にすることがある。スポーツの世界でも厳しい上下関係が残っていることが多い。

さらに怖いのが、一般的に偉そうにしている大物芸能人が、尊敬されていることである。その世界では逆らうことができる人が少ないので、テレビ局も周りの芸能人も、そのように扱う以外の選択肢がないのだろうが、それが視聴者にまで伝染してしまっている。もしテレビを見るのだとしても、賢い我々はそういったことに対して冷静に判断しなければならない。

年齢による上下関係について詳しく知りたい方は、拙著『上下関係をなくせ！―日本人が気付かぬ差別―』を読んで頂きたい。

距離の保ち方

「上下関係をなくしては教員としての威厳を保てないし、指導者としての適切な距離を保てないのはないだろうか」と考える人もいるだろう。たしかに指導者と指導される側の距離は大切である。私も決して「教師は生徒と友達になれ」と言っているのではないし、タメ語を使って上下関係をなくすことを勧めているわけではない。教師と生徒は友達ではない。

私がお勧めする方法は、敬語を使うことである。

例えば教師が恐怖を使ってその場を支配する方法は、楽ではあるが、生徒たちのためにはならない。真面目な生徒などは、萎縮してしまって、本来の実力を出せない可能性もある。

しかし、教員と生徒、お互いが敬語を使えば、「私たちの間には距離があります」ということを、常に間接的に示すことができる上に、圧迫感も生まれない。ぜひ一度試してみて頂きたい。

第3章　TEST

英語教育とコロナ騒動は似ていた

ＰＣＲは、コロナウイルスの検査に使えない

この章では、テストについて触れる。

コロナ界隈にも、英語学習界隈にも、有名なテストが存在する。コロナにおいてはＰＣＲテスト（ＰＣＲ検査）、英語学習においてはＴＯＥＩＣなどがそれにあたる。

〝テスト〟と呼ばれるこの２つには、おもしろい共通点があった。それは、「当てにならない」ということだ。

「どういうことだ」と疑問に思う方もいるかもしれないが、ＰＣＲ検査は正確なコロナの診断には利用できない。死んだウイルスなども検出してしまい、偽陽性の数も非常に多い。しかし、ＰＣＲ検査は世界中でコロナの診断に使われており、コロナ患者の「絶

対数」として扱われている。正確に診断できない検査を利用してコロナ騒動を語っているのだから、こんな馬鹿げた話はない。私たちがこの数年間で見てきた「今日のコロナ患者は〇〇人」というのも全て偽りであることになる。その情報に人々は毎日毎日踊らされている（いた）ということになる。

ＰＣＲがどのような検査かという説明をするのは若干難しいが、大きくわけて２つある。

まずは生きているウイルスと死んでいるウイルスの区別ができないこと。非活性のウイルスを持っていてもそれは症状には繋がらないのだが、ＰＣＲはこの区別ができない。

２つ目の理由としては先日 Amazon でベストセラーになっていたダニエル社長の『コロナと金』の説明がかなりわかりやすかったと感じたのでそれを引用させていただく[1]。

1　ダニエル社長『コロナと金 単年度77兆円巨額予算の行方』ヒカルランド、2022年。

ＰＣＲに関する効果は、わかりやすく言うと、誰かが出した手紙の筆跡とか内容から、この人はこういう人だというのを増幅するような検査です。すごく小さいＲＮＡ遺伝子を増幅して、さらに増幅してやるものなので、精度に疑問もあります。

例えば小さく拾った音源を大音量スピーカーで百倍にして流したときには、ホワイトノイズとか、ワシャワシャという音がめちゃめちゃ入ります。そんな状況で使われているのが現在のＰＣＲ検査です。

ＰＣＲは（中略）熱を加えてＤＮＡの２本のらせんを１本にして、それを冷却して、再び温めて増幅していくという作業をしています。（中略）この検査は、いろんな余分な物が入っている検体にはあまり機能しないのです。普通の人の鼻をえぐると、ほこりとか、ゴミとか、いろんなものが入っていますから、ＰＣＲ検査が成り立つための実験にはあまりよくない状況です。


このようにＰＣＲは非常に不完全なものであり、何よりＰＣＲを開発したキャリー・マリス本人が、「大衆の普通の検査には使ってはいけない」と言っているそうである。ちなみに余談だが、ＰＣＲを開発したキャリー・マリスは、コロナ騒動が始まる少し前に自宅で死亡している。これが偶然であることを願いたい。

この増幅の回数のことをＣＴ値と呼ぶが、このＣＴ値は35を上回ると精度が低くなるなどと言われている。オックスフォード大学出版局が発行している医学雑誌、Clinical Infectious Desease では、35より高いＰＣＲ検査では正確性が３％まで落ち、陽性の97％が偽陽性であると言われている[2]。それにもかかわらず、ＷＨＯが推奨しているＣＴ値はなんと45である。意図的にコロナを作り出しているとしか思えない。このＷＨＯも、今回の騒動で〝信用できなさ〟が明るみになった機関の１つである。

もしこれまでの説明が難しいと感じる場合は、次のように考えるとシンプルでわかりやすい。ＰＣＲ検査を実際に受けたことがある方やＰＣＲ検査実施時の映像を見たことがある方は、ＰＣＲ検査が鼻の内部に付着している菌や唾液を利用していることはご存じであろう。この時点で、ＰＣＲ検査はおかしい。全ての人の鼻や口には、ウイルスが付着している。だからといって、全ての人が「風邪をひいている」というわけではない。当然のことである。

2 Doctor Mercola, Joseph, Ronnie Cummins, The Truth About COVID-19: Exposing The Great Reset, Lockdowns, Vaccine Passports, and the New Normal. Chelsea Green Publishing.2021.

同じように、たとえ鼻や口にコロナウイルスが付着しているからといって、その人がコロナウイルスに感染しているかどうかはわからない。体が正常に働けばそれらのウイルスを倒してくれるので、風邪もひかないし、コロナウイルスにもかからないということになる。

また、ＰＣＲ検査はそのウイルスが「いくつ付いているか」も検出できない。通常、風邪をひいている時にはそのウイルスが大量に増殖してしまっているわけだが、ＰＣＲの場合はそれが１つでもあればいいということになる[3]。

こんな当たり前のことを無視してＰＣＲ検査の陽性を「コロナ陽性」と偽っているのだ。また、ワクチン接種が始まった頃に製薬会社が「ワクチンの有効率（発症予防効果）は95％」などと発表していたが、その臨床試験内でのＰＣＲ検査のＣＴなどは明確にされておらず、これも信憑性がほぼないデータと言える。

3　Doctor Mercola, Joseph, Ronnie Cummins, The Truth About COVID-19: Exposing The Great Reset, Lockdowns, Vaccine Passports, and the New Normal. Chelsea Green Publishing.2021.

前述した私のYouTubeチャンネルで公開されている木部雅也先生との対談動画でもＰＣＲについては触れているので、そちらもぜひ見ていただければと思う。

述べたように、このYouTube動画に関しては検索結果に表示されないようにYouTubeから規制をかけられてしまい、思ったより再生されなかったので、そういった意味でもぜひ見て頂きたい。

「木部雅也先生との対談動画」
https://youtu.be/EQ-4UhMCCvM

TOEICなどのテストは、英語力の測定に使えない

日本で「英語のテスト」といえば、学生（小学生から高校生も含める）であれば英検、社会人であればＴＯＥＩＣなどを思い浮かべることが多いだろう。

これも意外かもしれないが、ＴＯＥＩＣは英語力の正確な測定には使えない。コロナにかかっていなくてもＰＣＲで陽性が出る可能性があるように、英語ができなくてもい

い点数が出る可能性がある。

世の中には、「ＴＯＥＩＣ講師」といった、ＴＯＥＩＣの専門家のような人がたくさんいる。ＴＯＥＩＣで満点を取った回数をＸ（旧Twitter）のプロフィール欄などで自慢している人も多い。企業などが採用条件としてＴＯＥＩＣの点数を掲げていることも多いので、そのためにＴＯＥＩＣを信用している人も多い。

このような人が世の中にたくさんいる時点で、英語学習者は疑問を持たなくてはならない。なぜ、「英語講師」ではなくて「ＴＯＥＩＣ講師」なのか。本当に必要なのは「ＴＯＥＩＣの点数」ではなくて「英語力」であるはずなのに、なぜか彼らはＴＯＥＩＣの点数の向上にフォーカスをしている。数字として表すことができるので成果がわかりやすいのであろうが、おそらく彼らの多くのは、実践的な英語はあまりできない。

「プレーヤーとしての能力＝指導者としての能力」ではないので、英語ができない人でも、英語習得の方法を教えることはできる。例えば、あまり英語ができない人でも、私の『なぜ、「英語で授業」しなければならないのか―英語教育暗黒時代の終え方―』を読んで、そこに書いてある内容をそのまま話せば、多くの英語指導者よりは遥かにマシである。

話を戻すが、そのような〃ニセ英語指導者〃であるTOEIC講師たちの多くは、TOEICの点数を上げる技術を教えたり、文法の説明をしたり、英単語の日本語訳を教えることはできるのかもしれないが、英語の習得法を教えることはできない。

彼らには申し訳ないが、この世には全く必要のない存在である。

ネイティブスピーカーの感想

TOEICの不完全さを表すために、わかりやすいエピソードがある。私が大学生の時に、イギリス人の先生の英語のレッスンを受けていた時のことである。その先生は〃Will you take the TOEIC test?〃という質問を私たちにしてきた。

私がYESと答えたかNOと答えたかは覚えていないが、なぜその先生がその質問をしてきたかというと、「あんなものは参考にならない」ということを伝えるためだった。

その先生いわく「例えば、点数が400点台の人と600点台の人を比べても、40

０点台の人の方が英語ができることだってある」とのことである。

私たちが外国人の日本語力を一瞬で判断できるように、彼らの英語学習者の能力に対する判断能力も高いはずなので、かなり信頼できる発言だと思える。ＴＯＥＩＣの点数というのは、実際の英語力とは違った部分も反映しているということだ。

また、私の元同僚である別のネイティブスピーカーの先生も〝TOEIC is terrible.〟と言っていた。

偽物の点数

とはいえ、ＴＯＥＩＣや英検などの検定試験を受けてはいけないのかといえば、決してそんなことはない。そのような検定試験の問題は、基本的に英語で書かれていて、日本語訳の問題などが出るわけではないので、受けたからといって英語力が下がるわけではない（英検の４級と５級では問題に日本語訳が表示されるようである。日本英語検定協会には、これはできるだけ早く止めて頂きたい）。就職などで必要であったり、有利になったりするのであれば、受けること事態は問題はない。
問題なのは、対策によって、偽物の点数を出すことだ。日本語を使い、点数を上げる〝コツ〟を学んで試験を受けた場合、それは本来の実力ではない点数である。このような点数が使えてしまう社会も問題である。しかし、人生に大きな影響を与える可能性がある採用試験のために、少しでも点数を上げたいという人々の気持ちはもちろんわかる。もしどうしても対策をしたいのであれば、対策本や問題集に付いている日本語の解説は一切読まずに、英語のみで対策を行うべきである。

もしあなたがＴＯＥＩＣなどを採用に利用しているのであれば、本来であれば止めた方がいい。そんなことをするより、英語で面接をしたり、文章を書かせた方が、正確な英語力がわかる。

おそらく英語を使う外資系企業なども、候補者のＴＯＥＩＣの点数などは気にしていない（日本人以外は、ＴＯＥＩＣの存在すら知らない可能性もある）。

英語ができれば、勝手にいい点数は取れる

もしネイティブスピーカーがＴＯＥＩＣを受けると、何もしなくても９００点から満点の間くらいの点数が出る。当たり前だが、英語ができればある程度の点数は勝手に出るのだ。

あなたが自然に英語力を上げて、９００点や９５０点が出たのであれば、それはＴＯＥＩＣの測定能力としては限界を迎えたことになる。それ以上の「数字だけ」を求めることは無意味である。

それ以上の点数を求めることは趣味の範囲である。「９９０点の人が９００点の人よりも英語ができる」とは決して言い切れない。

実は私も以前、ＴＯＥＩＣや英検を受けたことがある。たしか24歳の頃だったと記憶している。「ＴＯＥＩＣは意味ないと言っているのは、自分が点数を取れないことの言い訳だ」と言われないようにするためだ。ＴＯＥＩＣ対策本などを一切使わずに、９７

0点であった。英検も、対策本などは特に使わずに1級に合格した。しかし英検に関しては、「英検には価値がある」と思い込んでいた学生時代に結構真剣に取り組んでいたこともあるので、雰囲気は知っていた。

しかし私は自分のプロフィールに、「TOEIC970点」とか「英検1級」などとは決して書かない。そんなことを書いても、それはその人が英語ができるから取れたのか、対策をした人工的な点数を含めたことなのかはわからない。それはアマチュアの指導者がやることである。プロの英語教育者は逆に、「英語の試験で英語力は証明できない」ということを伝えていかなくてはならない。

消去法には使える

しかし、TOEICなどの英語試験にも、全く使い道がないわけではない。現時点で英語ができない人を見極めることはできる。TOEICの点数と英語力がイコールではないとはいえ、英語ができればある程度の点数は勝手に取れてしまう。英語ができる人が、400点ということはまずないし、英検で3級しか取れないということもまずあり得ない。

例えば、ネイティブレベルの英語力を必要としている会社が、最低ラインを800点にすることは、ある程度筋が通っていると言える。しかし、帰国子女やインターナショナルスクール出身の人など、そもそもTOEICに興味がなく（もしくはTOEICの存在を知らず）受けたことがない人もいるはずなので、「必須」にするのもおかしい。それぞれの英語試験の採点ラインを書く場合は、「帰国子女やインターナショナルスクール出身の人は試験の結果は不要」などと書いておく必要があるだろう。また、「TOEICなどの試験の点数が全てではないことは理解している」ということを書いておくと、より英語力について理解している会社であると言えよう。

しかし、この方法にも「将来英語ができるようになる可能性がある人を弾いてしまう」という可能性はもちろんある。例えば、アメリカの小学生がTOEICを受けたら何点を取るだろうか？　ということを考えてほしい。彼らは〝今〟400点や500点しか取れないとしても、将来は確実に満点に近い点数を取る能力を身に付ける人々である。

最近正しい方法で英語学習を始めて、まだ英語試験の点数が会社の基準に満たない人と、TOEIC講師などの力を借りて基準に達している人であれば、前者の方がいいだろう。

このように考えればやはりTOEICなどの試験は不完全であるし、述べたように、決してお勧めはしない。もしそれを基準に消去法を行ったとしても、やはり面接などで実際に英語を話してもらうことは必須だと思われる。〝ニセモノ〟の英語は、話せば一瞬でわかる。

2023年7月にマスクの着用を要請

さて、この章ではテストについて触れている訳だが、コロナ騒動が終わりかけている

２０２３年７月の段階で、とある英語系検定試験が、とんでもないことをしてしまっている。

なんと、政府でさえもマスクの着用を「着用は個人の判断に委ねる」「学校教育活動においては、マスクの着用を求めないことが基本」などと述べているにもかかわらず、受験者にマスクの着用を要請してしまっているのである。会場内では「受験者または保護者の責任においてマスクを外すことも可能」としているようだが、「スピーキングテストなど、発話が必要な時は原則マスクを着用」と、マスクの着用をほぼ強制してしまっている。面接委員についても、マスクを着用するようである。

そんなことをしてお互いに発話が聞き取りづらかったらどうするのであろうか。７月という暑い時期に、熱中症にでもなったらどうするのであろうか。

政府からの要請が出ていた時は私も目を瞑っていたが、さすがにこれはやりすぎである。

マスクをすることによる言語能力の発達の遅れなども指摘されている中で、英語の検定試験を扱う団体が、受験者や面接官にマスクの着用を強制してしまった。

この団体は、明らかに勉強不足である。厳しいことをいえば、こんなことをしているから、いつまでも国民の英語力の向上に貢献できないのである。「受けるに値しない」と言っても過言ではない。

受験者、面接委員、学校教員の方々も、さすがにこれには反対してもいい。「マスクが必須なのであれば参加をやめます」という受験者、面接委員、学校教員が多くいればさすがにマスクに関してのガイドラインは廃止になるはずである。

学校の試験も不要

英語が嫌いな中高生などは喜ぶと思うが、学校などで行われている英語の定期試験は不要であるし、むしろやらない方がメリットがあると考えている。

よく、「英語はある日突然わかるようになる」などという言い方をするが、あれはなぜかというと、英語はシグモイド曲線のように成長していくからである。

この図のように、英語の学習を始めてしばらくしてからは横線であまり成長しない期間があり、急に大きな成長をすると言われている。

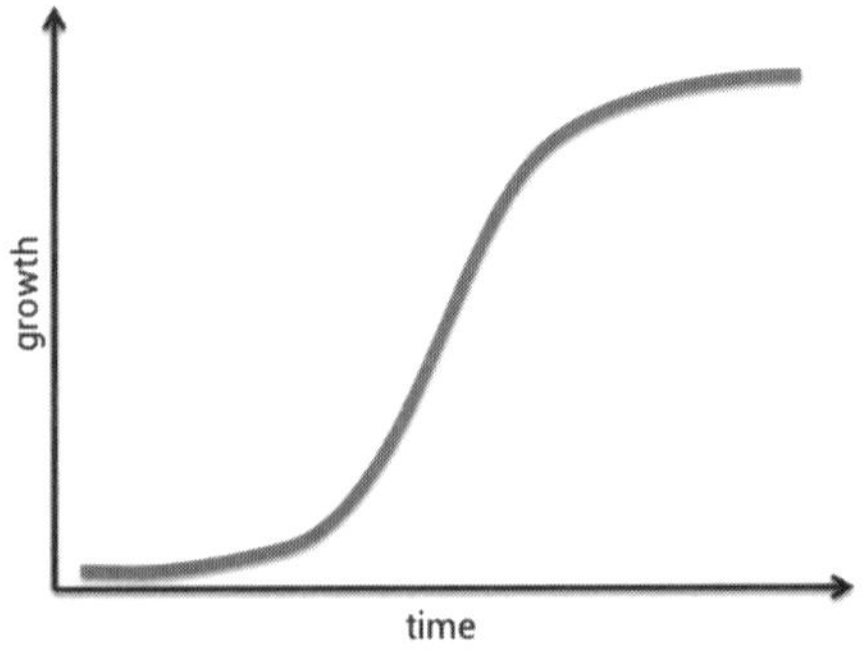

この横ばいのラインが上に伸びた時に英語力の成長があるわけだが、当然このタイミングには個人差がある。本来であれば、もしテストを受けるとしてもその成長を実感した後に受ける必要があるはずだ。しかし、学校の定期試験などは、全員が一斉に行うものであり、当然成長スピードの個人差は考慮していない。

そのような状況で試験を行った場合、試験の点数を確保するために、やはり「日本語を使う」などの方法によって、人工的な対策をせざるを得なくなってしまう。これは当然生徒たちの英語力にとってはマイナスなので、本来行うべきではない。

もし、英語の試験を受けたい生徒がいるのであれば、それこそ自分の好きなタイミングで検定試験でも受ければいい。多くの場合、検定試験の問題の方が学校の先生が作る試験よりも質がいい。日本の英語の先生は、未だに英語の試験の問題文で日本語を使ったり、日本語訳を書かせたりするケースもある。そんな試験をやるくらいであれば、やはり英語の試験などやらない方がマシである。

本来であれば成績なども付ける必要もない。もしどうしても付けなければいけないのだとしても、普段の勉強時間、方法、英語習得に関する知識を総合的に評価して付ければいい。

例えば今、英語の勉強も頑張りたいけど部活も忙しい生徒などがいる場合、わざわざ低い評定を与えて英語に対する苦手意識を与える必要もない。部活に身を注いで英語学習をする時間を取れない生徒の場合、他の生徒より英語力は伸びないだろうが、とりあえず英語習得に関する知識、意欲があるのであれば、将来性を見越していい成績を与えれば良い。

第4章　マスク、ワクチン、単語帳、文法書

英語教育とコロナ騒動は似ていた

マスク

マスクやワクチンはコロナ禍（本当はそんなものはなかったが）の中で重要なキーワードの2つだった。この2つと単語帳や文法書にどんな共通点があるのかと思う人もいるだろう。これら4つのキーワードについて共通しているのは、「意味がないだけでなく有害である」という点だ。

まずマスクの効果のなさを表すのによく使われるのは、マスクの網目の大きさと、ウイルスの大きさの比較である。マスクの網目の大きさは10～100μmであり、ウイルスは0・1μmほどなので、マスクの網目はウイルスを止めるには大きすぎるということになる。よく、「サッカーゴールで蚊を捕まえるようなもの」などと表現するが、そんなイメージである。

また、当たり前だが、マスクの横には大きな隙間があるので、そこからも空気と一緒にウイルスが入ってくる。

一般的には、すでに風邪などの症状を持っている人がマスクをすることには多少意味があると言われているが、コロナ禍のように、元気な人がマスクをする意味はない。

マスクの中というのは当然ジメジメしていて、菌が繁殖しやすい状況でもある。コロナ禍において、「マスクをちゃんと着けていた時に限って体調が悪くなった」と感じた人も多くいるだろうが、マスクの中がいかに汚いかを考えれば、当然のことだろう。私はあんなに汚いものを一日に何時間も着ける気には到底ならない。もし仮にマスクがウイルスを受け止めることができるのだとしても、マスクの上でウイルスが繁殖してしまうので、やはり意味はない、というか逆効果である。

そもそもマスクなどで感染が防げるのであれば、ほとんどの人がマスクをずっと着けている日本ではほとんど感染が広まるはずもなく、そこにも矛盾を感じざるを得ない。

また、マスクの危険性はそれだけではなく、酸素濃度が下がることにより人間の体内におけるミトコンドリア活性を下げる危険性がある。免疫力や体温の低下、脳機能の阻害にもつながる可能性もある。

２０２３年１月現在でも、多くの子供たちがマスクを着けさせられている状況には、心が痛む。私も実は以前まではそれほどコロナ騒動に関する発信はしてこなかったのだが、「子供が被害を受けている」ということを知ってから、「これはいかん！」と思って少しずつ発信を始めたという経緯がある。お子様がいらっしゃる方や、教育者の皆様には、子供に対するマスクの在り方を振り返って頂きたい。しかし、外させればいいというわけではないようなので、そこにも注意して頂きたい。ここまで３年以上マスクを着け続けてきた子供にとって、逆にマスクを外すことの方が精神的に負担になることもあるようなので、無理にマスクを着けさせることも、無理に外させることもよくないという意見もある。それについてさらに詳しく学びたい方は、明和政子先生の、『マスク社会が危ない　子どもの発達に「毎日マスク」はどう影響するか？』（宝島社新書）を一読することをお勧めする。

それに加え、大人たちは、子供たちに正直に謝った方がいい。子供たちは、「コロナ対策」という全く無意味な風邪対策に３年間も付き合わされ、数々のことを犠牲にしてきた。おそらく何らかの形で成長に悪影響も出ている。彼らがいずれ少し大きくなって、それらの対策に意味がないと知った時に、社会に対する反発をしないとも限らないし、学校の教員への信頼を一気に失う可能性もある。それを防ぐために、子供にマスクを強要していた親や教育者は、正直に、そして真摯に謝るのが懸命だろう。

子供がマスクを外さない理由

東京イセアクリニックが行った調査[1]によると、約90％の小中学生がマスクを外すことに抵抗があり、その理由のトップ３が、「恥ずかしい（56・3％）」「自分の顔に自信がない（56・０％）」「友達にどう思われるか不安（44・０％）」である。「感染対策をしたい」は、26・９％で８番目である。

アンケートを正確に行うというのは非常に難しいことなので、この結果も多少のズレがある可能性ももちろんあるが、「感染対策が一番の理由ではない」というのは、おそ

1　東京イセアクリニック『【マスク着用緩和】つける？　つけない？　未成年女性３００名へ調査』２０２３年。

らく間違ってないだろう。

これは問題であるし、子供たちにマスクを強要してきた大人たちの責任は本当に大きいと感じる。

子供たちが、「人間としての普通の活動」ができなくなってしまっているのである。

マスクにおける例外

念の為に述べておくが、私はマスクの全てが悪いと言っているわけではない。武器を良いようにも悪いようにも使えることと同じように、マスクも使い方次第ではベネフィットがあるだろう。

例えば、歯医者が治療中にマスクをすることにはメリットがあるだろう。飛んでくる可能性がある血液や金属片などはマスクで防ぐことができる。

問題なのは意味のない（もしくは弊害の方が大きい）マスクの着用や、マスクの着用の強制である。現在の日本では、他人にマスクの着用を強要できる法律はない。マスクの着用は全ての場所において任意であるが、現実ではほぼ強要とも思えるような出来事もあるし、マスクを着けていないことに対する差別も起こっている（私も実際に経験している）。どんな状況においても、差別は許される行為ではない。

ワクチン

今回のコロナワクチンの危険性や不完全性については、さまざま場所で語られているし、本書を読んでいるような人はある程度の知識を持っている方も多いだろう。河野太郎大臣が動画や文書で「安全性に問題はない」ということをよく言っているが、そもそも病気の人に使う薬とは違って、健康な人に打つワクチンの安全性がこれほどまでに問題視される時点で考えなければいけない。

まずコロナワクチンが最初に出てきた時には、「できるのがあまりにも早すぎる」という意見が多かった。これまでは1つのワクチンを作るのに数年から数十年かけていたところを、今回のコロナワクチンは1年ほどで作成された。あまりに短すぎるという意見も多くあったし、実際に実験では数多くの動物が死んだという話もある（公的機関はこれを否定している）。

実際に、例えばワクチンを打った時に限ってインフルエンザにかかったという人は多い。群馬県の前橋医師会の調査では、インフルエンザワクチンを接種した市と接種をしていない市では大差がなかったばかりか、接種している市の方がインフルエンザにかかった確率が多かったという結果すら出ている。その他にも、日本だけでなく海外も含め、「インフルエンザワクチンは効かない」というデータは多数出ている。

メディアはここでも隠蔽を行う

もしワクチンが効かないのであれば、当然、打つ必要はないどころか、リスクしかないということになる。しかもコロナワクチンの場合はこのリスクが軽いものではなく、死につながることもある。中日ドラゴンズの木下雄介選手や13歳の野球少年がワクチン接種後に亡くなってしまったことは記憶に新しい。現在では、「ワクチン被害者の会」も存在し、接種したことを後悔している人が多い。

問題なのは、テレビなどの大手メディアはコロナによる死は大々的に報道するのに、ワクチンに関する死については報道しないことだ。メディアの報道する内容というのは、全く公平さがない。自分たちの都合のいい情報だけを報道しているということが明確にわかる出来事であった。やはり、テレビというものは見てはいけないものだと強く感じる。

テレビなどがワクチンについての害を報道しない理由の1つは、ワクチンを提供している製薬会社が、彼らのスポンサーだからである。テレビはスポンサーのことは悪く言わないいし、逆に金さえ積まれれば、全く危なくないコロナに関する煽りだってする。

私たちが情報を入手しようとする際には、このように強くバイアスのかかった情報を避ける必要がある。英語教育や英語学習に関する正しい情報も、当然テレビでは手に入らない。テレビで正確な英語習得法を伝えているところは私は見たことがない。

戦後最大の超過死亡数

ここ数年の超過死亡数がすごいことになってしまっている。

2019年ごろまでは2~3万人ほどだった年間の死亡者数の増加が、2021年には7万人近く、2022年には13万人ほどになってしまっている。これは異常な数字だ。
実はコロナが流行りはじめた（とされる）2020年には年間の死亡者数は前年と比較して減っている。もしコロナでなくなった人がいたとしても、亡くなる国民の総数が変わったわけではない（むしろ減っている）。このことからも、コロナそのものは国民にとって全く脅威ではなかったことがうかがえる。

ワクチン接種が開始されたのは2021年である。この死亡者数の増加の原因がワクチンだということを完璧に証明することは難しいが、これまでになくて2021年に始まったものといえばコロナワクチンである。しかもこのコロナワクチンは、従来のワクチンとは異なる、mRNAワクチンであった。コロナワクチンがこの死亡者数を導き出した最も重要な〝容疑者〟であることに変わりはない。

大阪府にある、かねしろクリニックの記事によれば、『このワクチンは新型コロナウイルス特有のスパイク蛋白質を作る指示を与えるmRNAで、ヒト細胞に作用してスパイク蛋白質を作らせて病原性の無い擬似新型コロナウイルスを作り、それによって予め免疫を付けておくというものです。

ｍＲＮＡは分解されて人の遺伝子に組み込まれないという事になりますが、ヒト細胞に対しスパイク蛋白質を作るように遺伝子を作り変えていますので、新型コロナウイルスに対する免疫が付いたとしても、将来的にどんな弊害が起きるか全く分かりません』とのことである[2]。

例えば、仮にこのワクチンによってコロナの予防ができたとして、将来そのスパイク蛋白質が必要なくなった時はどうなるのであろうか？　それを止めることはできるのだろうか？　それとも体はスパイク蛋白質は作られ続けるのであろうか？　そんなこともわからないまま、このワクチンは世に出されたのである。

ちなみに今回のワクチンは世界で初めて実用化されたｍＲＮＡワクチンである。それにもかかわらず、通常はワクチンの開発には５～10年かかるのが一般的なところを、わずか１年ほどで作成し、世界中の人が使い始めた。そして、この死亡者数である。

2　かねしろクリニック『新型コロナウイルスのワクチンは推奨しません』2021年。https://www.kaneshiro-honest-clinic.com/2021/02/15/新型コロナウイルスのワクチンは推奨しません

「我々は、実験台にされた」と言っても過言ではないと思うのは、私だけであろうか。

下記のように人口動態統計速報[3]によると、２０２１年の超過死亡数「６万７７４５人」というのは、東日本大震災の11年（約５万５０００人）よりも多く、しかも戦後最大であった。２０２２年はそれの倍くらいの数字を叩き出しているので、異常事態である。

広島に原爆が落とされた際には約14万人が死亡したと推計されているので、今回のワクチンにはそれ以上のインパクトがあったとも言える。攻撃には見えない方法（逆に人の命を守るという体）で、かつ合法的に攻撃を仕掛けられたとも言えるわけである。いい人

3　厚生労働省『人口動態調査』https://www.mhlw.go.jp/toukei/list/81-1a.html

年	死亡者数	前年比
2022	1, 582, 033	+129, 744
2021	1, 452, 289	+67, 745
2020	1, 384, 544	−9, 373
2019	1, 393, 917	+19, 152
2018	1, 374, 765	+22, 567
2017	1, 352, 198	+33, 186

（厚生労働省『人口動態統計速報』

に見える殺人者のような作戦である。実に恐ろしい事態である。

ワクチンに頼ろうなんて虫が良すぎる

そもそもコロナウイルスそのものは決して怖いものではない。もし、普段から自分の健康に気を使っていれば、全く恐れる必要はない。

普段から甘いものやコンビニ弁当ばかり食べている人が、ワクチンという外的要素に頼って死を免れようとするなんて、虫が良すぎて笑えてくる話である。

たしかにかかったら50％の確率で死んでしまう病気だとしたら、ワクチンに頼りたくなる気持ちもわからなくはないが、コロナウイルスは、そんなウイルスではない。

お菓子が体に悪いなんて、子供でも知っている話である。普段、体に悪いものを食べたり、スマホばかり触っている人も、それが不健康だとわかってやっているはずである。

そうであるならば、体調を崩したり病気になることは、偶然でもかわいそうでもなんでもなくて、〃必然〃である。「ワクチンを打つ」というのは、その必然が起きないようにしようと試みる行為である。これは極めて不自然な行為であり、前述したように、虫が良すぎる。

他の病気にも同じことが言える。例えば「ガンになった」という人の話を聞いている時には、人は同情を見せ、「かわいそう」だと思う（または思ってなくても言う）が、それはもっと正確にいえば、「ガンになった」のではなく、「これまでガンになる生活をしていた」のである。つまり必然なので、本当はかわいそうでもなんでもなく、「その時が来ただけ」ということだ。

しかし毒まみれの現代社会では、例外もあるだろう。子供の時に親から与えられる食事をコントロールすることはできない。学校の給食は「バランスを考えて作られている」と言われているが、実際は毒まみれである（もしこれを読んでいる高校生以下の方がいれば、とにかく親や教師のいうことをそのまま受け取るのではなく、自分で調べる癖を付けることをお勧めする）。

仕事で不健康な環境に長い間居ざるを得なかった人もいるだろう。現代社会では、電磁波から逃れることも難しくなってきている。

必然であるということは、英語も同じで「英語ができない」のではなく、日本語で書かれた単語帳や文法書を使うなど、「英語ができない生活をしてきた」のである。英語ができるようになりたいのであれば、英語ができるようになる生活をすればいい。こんなシンプルな話である。

ワクチン一時金

読売新聞オンラインによれば、厚生労働省の専門家分科会は２０２３年2月10日、新型コロナウイルスワクチンの接種後に死亡した59～89歳の男女計10人について、死亡一時金の請求を認めたそうだ。コロナワクチン接種後の死亡例の一時金支給は計30人となる[4]。当初は「ワクチンは危ないかもしれない」などというと、「陰謀論」などと言われ馬鹿にされることも少なくなかったが、このように接種後に亡くなってしまう事例がかなり見られてきたことで、現在ではすっかり認められてきた。

しかし、２０２３年2月15日現在、厚生労働省の新型コロナワクチンＱ＆Ａ[5]のページでは、『現時点で、ワクチン接種との因果関係があると判断された事例はありません』としている。政府自らが一時金の給付を認めているにもかかわらず、このように述べていることは明らかな矛盾であるし、不誠実極まりない。

4　読売新聞オンライン『コロナワクチン接種後に死亡、新たに10人に一時金請求認める…厚労省分科会』２０２３年。https://www.yomiuri.co.jp/medical/20230210-OYT1T50256/

5　厚生労働省『新型コロナワクチンQ&A』https://www.cov19-vaccine.mhlw.go.jp/qa/truth/

ワクチンは一例にしかすぎない

なお、本書では英語教育とコロナ騒動の比較がテーマになっているのでワクチンについて深く述べているが、ワクチンというのは、あくまで現在この世に存在する社会毒の一例にすぎない。

例えば、毎日甘いものを食べたり飲んだりしている人と、ワクチンを打った人で、どちらが体に悪影響が起きているかは私には正確にはわからない。甘いものだけでなく、遺伝子組み換え食品などもかなり体に悪いかもしれない。食事以外にも、放射能や電磁波を浴びすぎることも体に悪いだろう。

ワクチンだけでなく、体に悪影響があると考えられるものは社会に多く存在しているのである。もしワクチンを打ったことを後悔しているのであれば、他の人より少し食生活を気にしてみるとか、スマホの利用時間を減らしてみるなどしてみると良いだろう。

そうすることによって、毒の摂取量の〝合計値〟は、むしろワクチンを打っていない人より低くなる可能性もあるのではないだろうか。

こんなことを述べている私自身も、食事には気を使ってはいるものの、完璧ではない。甘いものはほとんど食べないが、お酒は飲む。過去には予防接種をしてしまっている。パソコンやWi-Fiの利用も、仕事をする上で欠かせない（この原稿も、Wi-Fiに繋いだノートパソコンで書いている）。これらの影響がどれほどあるのかは、おそらく証明するのはかなり難しいことである。

しかし、それを分かった上で、できるだけ毒の摂取を避けるようにはしている。他者から見れば大変なことをしているように見えることもあるようだが、自分にストレスがかからない程度に行っている。この話題については、後に最終章でも触れる。

単語帳

私の本の読者や、YouTubeチャンネルの視聴者の方はご存じであろうが、英語学習という環境で非常によく使われる単語帳は、決して利用してはいけない。ここでの「単語帳」とは、日本語で書かれた単語帳に限る。英語で書かれた単語帳を、ある程度英語ができるようになってから使用するのは問題がない。

我々が2つの言語を使い分ける際には、「コードスイッチング」と呼ばれる切り替えを行う。大雑把な言い方をすれば、日本語を話す時には日本語のモードになっていて、英語を話す時には英語のモードになっている。英語ができるようになりたいのであれば、この状態を目指さなければならない。いわば頭の中に日本語と英語の木が別々に立っているような状態だ。

しかし、日本語で書かれている単語帳は、我々がこのような状態になることを遠ざけてしまう。本来であれば日本語の木とは別に英語の木を作らなければならないところを、日本語の木に生えている葉っぱ（＝単語）に、英語の葉っぱをつけようとするような行為である。しかし実際には日本語の木に英語の葉っぱを生やすことはできない（りんごの木に柿を生やすことができないことと同様）ので、これはまさに「無駄な努力」の典型である。

また、日本人が発する不自然な英語の多くは、この単語帳学習によって生み出される。「日本語で書かれた単語帳で英語を学ぶ」という行為は、「全ての英単語に日本語の単語が当てはまる」という前提で行われているし、何の疑いもなくそう思っている人も多い。

しかしよく考えれば、「全ての英単語に当てはまる日本語の単語があるわけがない」ということはわかるはずだ。これほどまでに文化が違うにもかかわらず、存在する単語が一致するなどという〝奇跡〟は起るはずがない。似ている単語が存在する可能性はあるが、それは似ているだけで、同じではない。太郎さんと吾郎さんは、たとえどんなに顔や趣味が似ていても、同じ人ではない。それを、「英単語Aは日本語の単語Aとイコールです」とやってしまっているのが、単語帳なのである。感覚にズレが生じまくっていることは間違いないし、ミスコミュニケーションにもつながる。

「英語は英語でしか学べない」——これは英語習得における最も基本となる法則である。

単語帳における例外

マスクが「場合によっては役に立つ」ように、単語帳も場合によっては使えることもある。

例えば、今後全くドイツ語を勉強する気のない人が、『ドイツ観光で使える用語集』などという冊子を持ち歩いて、状況によって利用することには何の問題もない。1つの言語を習得するには膨大な時間がかかるので、ただ旅行をするためだけに「訳してはいけない」などというルールを守る必要はない。しかし、もし将来真剣にドイツ語を学びたい場合は、もちろん弊害がある。

　また、ある程度英語ができるようになってから英語で書かれた単語帳を使うことに関しても問題はない。私たちが漢字、熟語、語句などを書籍を使って学ぶことがあるように、実は英語圏にも「単語帳」というものは存在する。例えば Barron's の Basic Word List は、ＳＡＴやＡＣＴなどを受けるアメリカの学生たち向けに発売されている。ネイティブスピーカーたちがこのような書籍を利用しても全く問題がないことと同じように、ある程度英語ができるようになってから、英語で書かれた単語帳を使うことは問題がない。

　英語と日本語が両方ネイティブレベルにできる通訳などにとっても、単語帳などのようなものが役に立つ場合がある。通訳をする際に専門用語が出てくる可能性が非常に高く、それらの単語を知らない可能性がある、もしくは知っていても訳語として繋がらない可能性がある際には、事前に単語のリストを作成し、それを覚える必要がある可能性もある。しかしこれは、「通訳のプロ」という非常に限られた状況に限るので、一般的な英語学習者には当てはまらない。

　以上のように「単語帳」というものが全く役に立たないわけではないが、基本的に英語学習者にとっては不要なものである。

文法書

文法書も単語帳と同じく、英語学習という環境下においては頻繁に利用されるものの1つである。単語帳のセクションで説明したように、そもそも日本語で書かれている時点で英語習得の役には立たないどころか、逆効果となる。

文法というのは英語をたくさん使っていれば勝手に習得されていくものであり、意識的に学ぼうとすると弊害もある。学校で第〇文型（ＳＶＯＣ）などを習い、訳がわからなくなった人も多いだろうが、あんなものは学ぶ必要がない。私もよくわからない。あれによって、数々の「英語嫌い」を生み出してきただろう。日本の英語教育というのは、本来の意味での英語を習得させる気のない、「別の競技」であると言わざるを得ない。

未だにそのような英語の指導をしている方がいれば、今すぐに止めて頂きたい。

「文法が勝手に習得される」ということを実感するには簡単な方法が存在する。今、目の前に英語の文章を用意して、わかるところに線を引いてほしい。そして、その線を引いた英文の中に存在する文法事項を、全て説明してほしい。

おそらくできないはずだ。

そもそも線を引いている段階で、「これが主語で、これが目的語で……」などとは考えていなかったはずだ。もし、「文法がわからないと英語ができない」というのであれば、今の行為はできなかったはずなので、あなた自信が矛盾を生み出してしまっていることになる。

「わかるけど、説明はできない」というのは、言語習得においては大歓迎、というか、それが普通なのである。私も実際に学校で英語を教えていた際には、これに苦労した。「こんなの、説明するまでもない。英語を使っていればそのうち覚える」と思うことが多かった。

普段から不健康な生活をしている人がワクチンで免疫力を上げようとすることが虫が良すぎることと同じように、普段から英語をろくに使っていない人が、文法書を使って英語を整えようとすること自体が虫が良すぎるし、自分に都合のいい解釈をしているとしか言いようがない。

日本の教育のクセで「文法は完璧でなければいけない」と思っているかもしれないが、それこそ不自然である。ネイティブスピーカの子供でも、小さい時には厳密には文法を間違えている。特に習得初期段階では、〝間違える方が自然〟なのである。

なお、もしあなたが多少の文法のミスをしていたとしても、英語話者のほとんどはそんなことはほぼ気にしていない。他の国のノンネイティブの話者も、文法など気にせずにどんどん喋る。文の正確さを気にすることが悪いことではないが、多くの日本人が行っている文法習得法は、不自然である。

もし、あなたが英語教員で、生徒のテストの採点などをしなければならないのであれば、「直すが、減点しない」という方法もある。自然なはずのミスを減点するのは理に適っていない。減点しないことによって、生徒も英語を書くことへの〝恐れ〟を感じづらくなる。

求められる文の正確さはもちろんケースバイケースであり、特に書き言葉（公式の文書など）においては、ネイティブのチェックをもらってしっかり正した方がいいこともある。

英語習得法

「単語帳も文法書もダメだというが、どうやって英語の勉強をすればいいの？」と疑問に思う方も多いだろう。ここでは、英語の習得法を簡単にまとめる。より詳しい習得法を知りたい方は、拙著『英語習得の極意』を読んで頂きたい。

まず、英語習得の三大原則を覚えて頂きたい。その三大原則とは次の通りである。

1．訳さない
2．音から始める
3．長時間行う

「1．訳さない」については、先ほど単語帳についての説明で述べた通りである。「英語は英語でしか学べない」ということをまずは理解する。日本語で書かれた単語帳、文法書、解説書、字幕などは使ってはならない。

「2．音から始める」については、イメージがしやすいかもしれないが、これが人間が言語を習得する順番だからである。世界には、文字のない言語も存在する。人間が使い出した順番としては、「音→文字」なのである。文字というのは、人間が発話の記録を残すために、後から開発したものである。

また、現代の日本人は、ローマ字教育などにより、アルファベットで書かれている文字を日本語の発音で読むことができてしまう。これが曲者であり、日本人の英語習得を妨げている大きな要素の１つである。

英語の勉強をしようとして〝book〟という単語を見て、「ブック」と読めてしまう（読んでしまう）のである。これでは、脳が英語を習得するモードにならない。日本語の音を使っている限り、脳にとっては「日本語利用中」なので、英語習得には結びつかない。

まずは、この世の中に、あたかも文字が存在しないような状態で英語の音の習得を行わなければならない。そして、音が習得できた後に、文字を見て、その文字と音を一致させるのである。すると、日本語の音で英文を読んでいる時とは全く違う音になっているはずだ。

音声習得には、ネイティブスピーカーの音声を使う。カタカナ発音の日本人の音声などは決して使わない。映画やドラマを見続けてもいいし、難しすぎるのであれば、写真を使って単語を説明しているもの、例えば Longman Photo dictionary に付属のＣＤや、Sesame Street などの子供用のテレビ番組を利用し、レベルを上げていく。

日本語を使わない英語習得法の指導をしていると、「理解できないから先に進まない」という人がいるが、それは難易度の設定が間違っているのである。小学生が、大学生向けの論文を読んでいるような感じだ。

日本の学校の典型的な英語の授業しか受けたことがない人は、あれは本当の意味での英語の授業ではないので、〝英語年齢〟は0歳だと思ってほしい。0歳が、大人用の映画や本を理解できる訳がない。単語だけを発話している音声などが適切になるだろう。

英語の音が体に入って、口でもそれが再現できるようになったら、文字を見て、音と一致させる。この時点ではびっくりすることがたくさんあるはずだ。例えば、音を聞いただけであったら1単語だと思っていたものが、文字を見たら実は3単語だった、なんてこともあるかもしれないし、使われているのに全然発音しない文字があるかもしれない。

「3．長時間行う」ことも重要である。ご自身が日本語の習得に使った時間を考えれば納得していただけると思う。高校生である程度大人と平等に話ができるように仮定しても、15年はかかったことになる。

また、人間には恒常性機能という、現状を維持する機能が備わってしまっている。もし今日本語しかできないのであれば、日本語だけができる状態を、基本的には維持しようとしてしまう。ダイエットに挑戦して体重が減れば体は戻そうとするし（リバウンドが頻繁に起こるのはこのせい）、体温が上がれば汗をかいて元に戻そうとする。

これは人間に備わっている機能なので、仕方がない。実際には、生命を維持するために備わっている。英語力に関しても、少し使ったくらいでは、この機能によって元に戻されてしまう。

これを打ち破るためには、英語を使い続けて、脳や体に「この言語は生きていくのに必要なんだ」と覚え込ませなければいけない。一日数時間の学習が無駄というわけではないが、休日などはできれば一日の半分以上（16時間起きているのであれば８時間以上）は英語を使った方がいい。長期休みのある学生などは、これを休み中ずっと続けてもいいくらいである。

「そんなにやるのか」と思うのかもしれないが、自分が日本語を習得した時間を考えれば、これでも短すぎる。暇さえあれば英語で見て、英語を聞いて、英語を読んで、英語を話している、という心構えが大切である。改めてだが、私たちはこれを日本語でやっていたから、日本語ができるのである。

この内容を読むだけでも、正しい英語学習法は、今までの典型的な英語学習法とは全く異なることを理解してもらえたと思う。

もし、ある行為を英語習得中にやっていいかどうかがわからなければ、「もし自分が英語のネイティブスピーカーの子供だったらこの行為をするか」ということを基準に考えるとわかりやすい。アメリカのテレビ番組を見ることは普通だし、英英辞典を使うこともアメリカの子供にとっては普通である。逆に日本語で書かれた英語の単語帳や文法書を使うことはまずない。英語で書かれた文法書などは、微妙なラインである。たしかにアメリカ人の子供が英語の文法書を使うことはないかもしれないが、例えば先生や親に文法を直された場合はどうだろうか。これは（意識をしていなくても）「文法を教わった」という解釈もできるかもしれない。私たちにはネイティブスピーカーの先生や親がいない（先生は雇うこともできるが）ので、代わりに英語で書かれた文法書を使うことはアリであると私は考えている。

第5章　正しい情報は批判される

正しいかどうかは何で決まるか

この章で触れるコロナ界隈と英語教育界隈の最後の共通点は、「正しい情報に対する批判」である。ここまで見てきたように、世の中に広まる情報の正しさというのは、実際に正しいかどうかは関係なく、大衆操作で決まることが多い。

もし、コロナ騒動が始まってからの数年間、人々がコロナのことをそもそも知らずに生活していたら、我々は普通に生活していたに違いない。コロナ騒動真っ只中の2020年に、日本では11年ぶりに死者数が減少した（前年比約9000人減）事実を知らない人も意外と多いし、メディアも報道していない。

死者数が減ったとは、なんとも嬉しい事実ではないか。国民は祝杯をあげてもいいくらいだ、と言いたいところだが、実はそういう訳にもいかない。

なぜなら、２０２０年の自殺者数は2万１０８１人で、11年ぶりに増加に転じたからだ（前年から９１２人（４・５％）の増加）。しかも残念なことに、子供たちの自殺が増えてしまい、２０２０年は４９９人と、前年（３９６人）から１００人以上増加した[1]。

もちろん、コロナとこの自殺の関連を完全に証明することは不可能である。しかし、厚生労働省の計算では２０２０年のコロナ関連の解雇は７・９万人にも上る[2]。政府の計算でこれなので、実際にはもっと多いのではないかと思っている。これほどまで多くの解雇者が出たのであれば、家庭環境の悪化に苦しんだ子供がいてもおかしくないし、収入の減少に苦しんだいわゆる〝夜のお店〟で働く人も多かったことがかなり容易に想像がつく。

コロナが１人出たことに大騒ぎしているのであれば、子供や若者の自殺１人に大騒ぎする方がよほど理にかなっている。もし、自粛をしないことで少しでも多くの子供の命を間接的にでも救えるのであれば、私はそちらを優先したいと思うし、多くの大人もそ

1　Business Labor Trend『働く女性の自殺が大きく増加』2021年。
https://www.jil.go.jp/kokunai/blt/backnumber/2021/12/039-040.pdf
2　日本経済新聞『新型コロナ関連解雇 7.9万人超　厚労省 2020年累計』2021年。
https://www.nikkei.com/article/DGXZQODF040Y70U1A100C2000000/

うではないだろうか。私はもし本当に怖い感染症があるのであれば、それはマスクなんかで防げるとは思っていない。コロナ対策としての自粛に意味があるとも思っていないし、ワクチンも不要だと思っている。一般的に、多くの人がそのウイルスにさらされればさらされるほど、ウイルスというのは自然に弱くなっていく。しかし、自粛をすることによって、我々はこれを自ら阻止してしまっているわけだ。

もしこれらの対策に意味があったのだとしても、それをすることによって子供に被害がある可能性があるのであれば、自分の命を犠牲にしてでも日本の子供たちの命を優先したいと私は思う。

「コロナで子供は死なないが、自粛で子供は死ぬ」

私たち大人は、この事実がわかった瞬間に、コロナ騒動に幕を閉じるべきであった。これは私が今回のコロナ騒動において最も強く言いたいことである。

もし、それでも「自分の家のおじいちゃんおばあちゃんの命の方が大事」という人がいるのであれば、冷たい言い方かもしれないがそれは勝手にやってもらえればいいと思う。しかし、他人に自粛やコロナ対策を〝強制〟することだけは止めるべきであった。

今回のコロナウイルスは、子供の貴重な３年間を無駄にし、若者が働き盛り、恋愛盛りの３年間を犠牲し、中高年の方々が大切な家族との時間を３年間無駄にし、高齢の方々が人生終盤の３年間を犠牲にするほどの怖いウイルスではなかった。

〝まともな人〟の葛藤

このような必要な情報が世間に広まらない理由の１つに、「批判が怖い」という要因があることは間違いないであろう。

本書に書かれているようなことを公の場で話せば、「変わり者」と思われ、友達をなくす可能性もある。

コロナ騒動中に、渋谷などで「マスクは意味がない」「コロナは茶番だ」という趣旨のデモ活動がよく行われていた。私は、彼らの言っていることはほとんど正しいと思っているが、彼らが「変わり者に見える」ことも理解できる。あくまで個人的な考えだが、ある程度綺麗な方法で情報を発信することも大事だと思っている。

渋谷のデモのような変わり者に見える活動をすると、「マスクやワクチンに反対している人はおかしい」と思われかねないので、無条件にそれらの人々が「反・反ワクチン」や「反・反マスク」になり、結果的に正しい情報が広まらなくなってしまう恐れもある（本来は「反ワクチン」という言い方はよくないが、ここではあえて使っている）。

つまり、一度大衆に広まってしまった情報を覆す時には、必ず葛藤が生じることになる。反対派が出てくることは必至だ。

英語教育も同じ

もちろん英語教育も同じである。日本にも、より良い英語習得法を広めようとしている方は何人かいる。例えば、私が以前 YouTube 動画の『英語習得三大著者』の中で紹介した、苫米地英人さんなどである。

苫米地英人さんは２００８年に『英語は逆から学べ』という本を出版した。これはかなりの良書であり、私自身も英語習得の参考にさせてもらった。

今でこそこの本のAmazonでの評価は３・５ほどになっているが、以前は平均３程度であった。この書籍は、今まで日本で広まってきた英語学習法を真っ向から否定しているので、英語を使ってビジネスをしている他の人や企業からの批判もあっただろう。今まで間違った英語学習法を広めてきた〝英語系ビジネスマン〟にとっては、このような書籍は邪魔でしかないだろう。

それと同時に、このような書籍を読むと「この人は過去の私を否定している」などと考える人からの批判もあると思われる。意外にも、こういった人は一定数いるのである。今の自分とは違う英語力を身に付けたいのであれば、過去の自分が行ってきた方法を一度崩す必要があるのはある意味当然だが、こういった新しい考え方を受け入れられないケースというのはある。「現状を維持したい」人間の仕組みを考えれば、自然のことなのかもしれない。

「英語習得三大著者」
https://youtu.be/BrtLv94jRAQ

このような現状を知ってか知らずか、正しい英語学習法を広めようとする人の数は驚くほど少ない。中には学校英語の方法が間違っていると知っていながら批判を恐れて何もしない英語教育者もいるだろう。「英語は英語で学ばなければならない」と知っていても、「自分が英語を英語で教えることができないから推奨しない」という人もいるだろう。少なくとも私は実際にそういう人に会ったことがある。

私自身は、そういった人たちは真の英語教育者だとは認めていない。もし、過去の自分の方法が間違っていると気付いたのであれば、それは改めるべきだ。誰にでも失敗はある。中学校や高校では、新一年生が入ってきたタイミングで「これがこの中学校（高校）の英語指導のスタイル」といった形で新しい指導法を取り入れてしまえば導入しやすいだろう。生徒はすぐに慣れる。

もし、教員自身が50分間英語を話し続けることができなくても構わない（英語教員なのに英語ができないのは問題だが）。正直、日本人教師の英語を50分聞いているくらいだったら、Netflixで現地のドラマでも見ている方がよほど役に立つ。自分が英語ができないのであれば、他のものに頼ればいい。

私は自身のことを「日本には数少ない英語教育のプロ」と表現させていただくことが

あるが、それは「正しい英語習得法を伝えることができる人の中で、批判を恐れずにそれを実行できる数少ない人の中の１人」という意味も込めて使っている。多くの英語教育者が過去の延長で英語を指導する中、私は「日本の典型的な英語学習法は全く役に立たない」と言い切っている。私はプロの指導者として当たり前のことだと思っているが、これができる人は本当に少ない。ある意味では、ここで「プロとアマチュアの差が別れる」と言っても過言ではない。

以前、私が期待していた英語教育者がいたのだが、その人もより正しい英語習得法、つまりは典型的な英語勉強法を否定する方法論では賛同や動画サイトでの登録者の獲得が難しいことに気付き、日本語での説明を始めてしまった。フォロアーの獲得という観点では、日本語で、丁寧に説明するのが現状では最も楽なのである。

賛成数と正しさは関係がない

述べたように、正しい情報というのは否定されることが多いが、ここで難しいのが、「賛成数と正しさにも関連がない」ということだ。一般的に、99人が賛成していて1人が反対していたとすると、99人の意見に合わせることが多いだろう。ポーランド出身の心理学者Solomon Asch（ソロモン・アッシュ）のConformity Experiment（アッシュの同調実験）のように、人はたとえ間違っていると思っている場面でさえ周りに同調してしまう。ある意味ではそれは正しいことかもしれない。それで失敗したとしても、人々はその多数派のせいにできるし、もし少数派に合わせて失敗した場合、批判の矛先がその少数に向かうので精神的にはよくないと思われるからだ。

つまり、賛成数と正しさには関連がない。たとえ99人が「コロナ対策が必要」と言ったところで、それはテレビや新聞に影響されたからであって、実際にはコロナの（一応の）死亡率や重症化率が低いことに変わりはない。もしコロナ対策が必要なのであれば、これまでにインフルエンザを同じように特別視してこなかった理由を説明できなければならない。しかし、コロナ騒動に踊らされている人でそんなことができる人は皆無だろう。

過去の例でいえば、「天動説地動説」などがわかりやすいだろう。今から５００年くらい前までは、人々は「地球が宇宙の中心で、その周りを太陽や月が回っている」と思っていた。しかもその当時は、天動説に対し異論を唱えるのは相当な覚悟が必要だったそうで、地動説を初めて発表したとされるコペルニクスも、生前はその発表をためらっていたとされている。その理由の１つは、当時のキリスト教に反するからとも言われているが、単純に「大多数に反対することの怖さをわかっていた」という理由もあるだろう。

特にコロナ騒動が始まった当初は、「コロナはメディアがいうほど怖い病気ではない」などといえば、「人の命を軽視するやつ」と批判された。

英語も同じで、「（日本語で書かれた）単語帳、文法書は意味がない」という私たちのような教育者はとにかく批判され、居場所もない。

日本人の国民性

「他者に同調する」ということ自体は、人類共通であるが、日本人の性格を考えれば、日本ではさらに顕著なのではないだろうか。

実際に海外ではとっくにマスクを外していた段階でも、日本人はほとんどマスクをしていた。２０２３年の３月になって、「個人の判断でマスクを外してもいい」と言われてもまだしている。製薬会社などはその国民性を利用して、コロナ騒動による金儲けを続けていたようにも思える。

もちろんその国民性が全て悪というわけではないが、今回のコロナ騒動では、悪い方向に働いてしまっていることも多かった。

２回打てば終わると言われていたのに終わらないワクチンに対し、疑問を抱いていた人はわずかしかいないように思える。本来ならば、嘘をついた政府に怒ってもいいくらいだ。

自分の中で完結させるだけならまだしも、他人のマスク着用やワクチン接種にまで口を出し、それをしない人を、あたかも戦争に行く事を断った人かのように非国民扱いしてしまう人もいた。

日本将棋連盟などは、対局中に正しくマスクを着用しない人を反則負けにする規定を作ってしまった。これに関してはさすがに酷すぎるが、国やコロナ関連の差別を無くそうとしている法務省は何もしないのであろうか。

自分で学び、考えることは実に大切である。

そうでなければ、法律でも何でもない「マスクの着用」などということを他人に強要するという愚行をしてしまうのである。

第6章 我々は何をすべきか

英語教育とコロナ騒動は似ていた

大人としての責任

では、我々大人、そして教育者は具体的に何をすべきなのだろうか。

今の時代においては、子供の命や成長を守ることが最優先であると考えている。元々私は、「日本の英語教育を良くしたい」と思って活動をしていたのだが、今となっては、実に呑気なことをしていたなとさえ思う。私が英語教育に関わっている間にも、製薬会社や医者は子供を殺しにかかっているのだから。

しかしもちろん、英語学習を通して私のことを知ってくれて、コロナについてのより正確な情報を子供たちが手に入れてくれる可能性もあるし、私の英語習得の本を読むことにより常識に囚われない思考力が身につき、コロナ対策に疑問を持つ子供が出てきてくれる可能性もあるので、決して無駄だとは思っていない。

さて、話を戻すが、当然ながら、我々は大人として子供にマスクやワクチンを強要することなどもってのほかであるから、止めなければならない。

難しいのは、大人側が「マスクはしなくていい」「ワクチンは打たなくていい」と言っているにもかかわらず、子供側がマクスの着用やワクチンの接種を望んだ時である。この場合、マスクをすることを強制してはいけないように、マスクをしないことを強制するのもよくないと言える。この場合、自由にさせてあげるのが基本にはなるだろう。例えば、世間体を気にしたり、友達の目を気にする大人っぽい女の子が、「私はマスクする」と言った場合、無理に止める必要はないと思う。しかし、例えば学校の先生は、「マスクには感染予防効果はない」ということを言い続け、学校内で「着けない方が当たり前」という雰囲気を作ることが重要になってくる。

個人的には、ワクチンの方が難しいと思っている。マスクと同じように、「私は絶対に打つ。友達も打ってるから仲間はずれにされたくない」などと言われたら、無理に止めることもできないのかなとは思う。しかしワクチンは説明書にも「劇薬」と記されており、定義上は「作用が激しく、使い方を生命にかかわる非常に危険な薬品」である。これを簡単に子供に使わせたいとは思えない。

そのようなケースであれば「ワクチンを打った」と嘘をつかせてもいいくらいだ。「ワクチン接種証明書」が求められるケースではかなり難しくはなってくるが……。

また、よくあるのが、マスクやワクチンについて、どれほどの効果があるかをよく理解していない場合であろう。これは大人でも理解していない場合が多いので、子供が理解していなくても不思議ではない。このような場合には、子供に対してしっかり説明してあげる、または自分で勉強する機会を与えるのも、大人の役割であろう。

マスクを外し、検査もしない

マスクの着用が個人の判断になった２０２３年3月13日以降もほとんどの人がマスクをしている。周りの人がいつマスクを外すか、様子を見ているようであるが、述べたように、マスクを着けるか着けないかは自分で決めていいことであるし、そもそもマスクに感染予防効果はない可能性が高い。マスクの着用による健康被害を考えたら、マスクは外すのが懸命であろう。「私は何の被害も受けていない」という人でも、以前のアスベスト騒動のように、何十年か後に弊害が出てくる可能性も十分にある。

現在世界に存在する人々が、一斉に、それも数年に渡ってマスクを着用し続けたのは今回が初めてである。それについての害がもしあるのであれば、これから数年、数十年後に健康被害が出てくる可能性がある。

本書が世に出る頃にどうなっているかはわからないが、もし感染対策のためにマスクをしているのであれば、外すことをお勧めする。

ＰＣＲ検査も当然受けてはいけない。もし国民全員がＰＣＲについてしっかり勉強をすれば、誰もＰＣＲ検査を受けず、コロナの感染者はゼロになり、コロナはとうに終わっていたのである。逆にいえば、発表されるコロナの陽性者というのは、情報をしっかり見極めることができなかった国民の数を反映しているのである。

子供たちを解放する

２０２３年３月現在、未だに小さな子供たちがマスクを着けている姿を目にする。先に述べたように、それを外させればいいという問題でもないが、「外してもいい」ということはしっかり伝える必要がある。データを見て、「コロナは心配する必要はない」ということも伝えるといいだろう。

ワクチンも必要ない。コロナで子供たちが亡くなることはほぼない。

また、子供は大人の真似をするので、周りの大人がマスクを外すだけでも効果はある。「周りの人のためにマスクをし続ける」という人もいたが、もし本当に周りの人のことを思うのであれば、自分がマスクを外して、周りの人も外しやすくしてあげるべきであった。

当たり前のことに疑問を持つ

コロナ騒動では、〝明らかに〟おかしいことが多数あったが、多くの国民はそれに気がつくことはできなかった。

英語教育も同様だが、国や教育機関のいうことを間に受けすぎず、しっかりと疑問も持つことが大切だ。

コロナ騒動であれば、例として次のような疑問を持つことになるだろう。

「もし自粛やワクチンが本当に有効なのであれば、コロナ騒動はとっくに終わっているのではないか？」

「マスクって一日中着けたり、食事中にテーブルに置いたりしているけど、汚くないのだろうか？」

「コロナでこれだけ騒ぐということは、コロナは他の病気、例えば癌などより怖いのか。そうは思えない」

英語教育では、以下のようなものだ。

「これほどまでに国民の英語力が低い日本では、教育方法が間違っているのではないか」
「日本では単語帳や文法書が英語学習の〃基礎〃のような役割をしているけど、私が日本語を習得した時は最初にそんなものは使っていないよな」
「英語を日本語に訳しながら学んでいるけど、本当に英単語を日本語に訳すことなどできるのだろうか」

このようなシンプルな疑問を持つ癖を付けるだけでも、騙される確率はかなり減るはずである。

極端な話、国民が全員賢ければコロナ騒動はすぐに終わっていた。国民がまんまと騙されたからこそ、コロナ騒動はここまで長引いたのである。

自分で調べる

政府やテレビなどのメディアが当てにならないことは述べた通りだ。しかし残念ながら、現在の世の中では、テレビなどのメディアなどを情報収集の基本にしている人は多い。

現在本書を読んでいただいている方は、その時点で、普段から本を読む習慣がついており、テレビ好きの人たちよりは情報が正確である可能性が高い。

しかしもしあなたが、「テレビなどが情報収集の中心で、本はたまに読むだけ」という場合、テレビは捨てて、別の方法で情報収集をすることをお勧めする。

今回の騒動でわかったと思うが、テレビで知った内容を話したら人に大嘘を伝えてしまう可能性もあり、極端な話、間接的に人を殺すことにもなりかねない。また大袈裟ではなく、情報を取り間違えると殺されるのである。全くとんでもない社会である。

余談だが、テレビを捨てればＮＨＫの受信料を払う必要がなくなるというメリットがある。

デマに注意

今回のコロナ騒動のような大きな騒動があると、いろいろな派閥も生まれる。私のように初期から「コロナは大したことない」と言っている人もいれば、「しっかりと対策をしてください」という人もいる。

するど、必ずそれを利用してビジネスをしようとする人が現れる。例えば、今回のコロナ騒動を利用して、「イベルメクチン」という薬を宣伝する人が現れた。「コロナは大した対処は必要ない。イベルメクチンで十分だ」というのである。

「コロナは怖くない」ということに自ら気付くと、同じ発言をしている人に親近感が湧いて、釣られてしまう人もいるようであるが、しっかりと自らコロナについて調べていれば、「そもそもコロナに薬すらいらない」ということがわかるはずである。イベルメクチンが効くかどうかは本書では触れないが、このような情報に惑わされて、「ワクチンは打たなくても結局製薬会社の売り上げに貢献している」などというようにならないようには注意したい。

同じように、コロナに反対している人が、それについての画像や動画（例えば「アメリカのXYZ大学がマスクに効果がないと認めたなどという内容）を、出典を出さずにX(旧Twitter)などに上げていることもある。こういった一見インパクトのある情報も、間違った解釈であったり、デマであることがあるので注意したい。もし拡散するとしても、その前にしっかりと自分で調べてから拡散することをお勧めする。

もし間違った情報を広めているのであれば、結局はマスクやワクチンを勧めている人とやっていることは同じである。

少し生活を見直してみる

そもそも風邪と無縁になるように、生活を見直すことも大切である。先に述べたように、ワクチンなどに頼る前に、本来であれば自分が健康であるべきである。

基本的に、自然とかけ離れた行動をすればするほど人間は不健康になっていく。

砂糖や異性化液糖を頻繁に摂取しているのであればやめるか、せめて減らすべきであるし、スーパーで農薬まみれの安い野菜を買っているのであれば、少し高くても良心のある農家の育てている無農薬の野菜を買ってみるのもいい。そういった農家を存続させるためにも、こういった行動は大切である。

スマホを一日中触っているのであれば、少しは外に出たり、自然に触れる時間を作るなどするといい。寝る前の数時間はスマホを見ないとか、Wi-Fiを切っておくとか、そういったことも簡単にできる。現代ではヒトの「本来の睡眠」を忘れている人も多いのではないか。

人によっては、いい生活をしようとするとむしろストレスが貯まるという人がいるが、その判断はご自身にしかできないので、読者の皆様に任せたい。しかし最初にストレスが溜まったとして、慣れるとそっちの方が心地よくなることもある。少し食事を良くし、スマホの利用も減らし、今までよりもぐっすり眠ることができれば、仕事もはかどり、肌の調子も良くなり、体も引き締まり、今までよりもいい人生になるに違いない。

目に見えないものが流行った時は注意する

今回のコロナ騒動の嘘が見抜きづらい理由があるとするのであれば、それは「コロナウイルスは目には見えない」ということだろう。研究所に出向いてコロナウイルスの存在を自ら確認した人もいないだろう。

これは私の考えになるが、最近、支配者たちが世の中をコントロールする際には、あえて目に見えないものを利用しているように感じる。今回のコロナ騒動もそうであるし、本当かどうかが怪しい地球温暖化などもそうである。例年より暑い日には「温暖化だ」と言われるが、逆に例年よりも寒い日があることをどう説明するのだろうか。

しかも、このようなものが流行った際には、いい人のフリをして、同じ行動を我々に求めるから厄介なのである。「地球が危ないので、みんなの協力が必要」「大切なひとのためにワクチンを」など、人の善意を使って活動するのである。注意したい。

良店や経営者を見極めておく

コロナ騒動では、人々の発言によって実力のない指導者などが一気に明るみに出てしまったが、うまく使えばいい店の見極めにも使える。

しっかりと勉強している人が経営している店や医院であれば、「マスクの着用は自由」としていたはずであるし、逆にマスクや消毒を強制していた店などは、してはいけないことをしてしまったわけである。本来であれば、謝罪が必要と言っても過言ではない。

以前、客にマスクを強要する銀座の某有名デパートが悪い意味で話題になっていた。気の毒ではあるが、本来できない「マスクの強制」などということをしていたのだから、これは仕方がない。私も残念ながらそのデパートはあまり使う気にはならない。

そして中には利用者にマスクの着用を強制するスポーツジムなどもあった。スポーツ時のマスクは不要だと政府も東京都医師会も言っていたにもかかわらず、そんなことをしていいるジムはあまりにも勉強不足であり、逆に利用者の健康を害しているとさえ言える。

現在では「マスク着用のお願い」などという張り紙はなくなってきているので、判断が難しいこともあるかもしれないが、調べれば出ていくこともある。

私のＨＰにも、コロナ騒動の真っ最中でもマスク不要だった店舗を掲載しているので、ぜひ参考にしていただければと思う。当時からマスクが不要だった店舗や医院などに限るが、現在も掲載希望者の募集しているので、Ｘ（旧 Twitter）または Instagram（@joishii1007）のＤＭやメール（joishii1007@gmail.com）で声をかけていただければと思う。

ホームページ
https://sites.google.com/view/joishii1007

視野を広げる

私はよく、英語を習得することの１つのメリットとして、「視野が広がる」ということを挙げている。日本では当たり前のことでも、海外ではそうでないことなどよくある。視野が狭いと、「マスクは着けているのが普通」という考えに至りやすい。しかし海外の情報に目を向けていれば、ほとんどの日本人がマスクをしている時に、すでにマスクをしていない国が多数あることがわかる。

単語帳や文法書を使って英語の勉強を始める国も珍しい。日本での当たり前は、世界の当たり前ではない。日本と他国、どちらがいいという話でもないが、世界に目を向けると、選択肢も増えるので、「今自分がしていることは最善ではないかも」ということに気付くことができるきっかけにもなる。

優秀な指導者は少ないということを認識する

政治家や教師の言うことがあまり当てにならないことと同じように、優秀な指導者というのは極めて少ない。例えば、あくまでこれは私の考えだが、優秀なスポーツの指導者というのは優秀なスポーツ選手より少ない。

プレーヤーとしての実力と、指導者としての能力も関連しない。今年（２０２３年）ＷＢＣが話題になったが、ＭＶＰを取った大谷翔平選手が野球の指導が上手いかどうかはわからない。私は決して下手と言っているわけではなく、上手いかもしれないし、下手かもしれない。しかし一般的に、そのような選手の映像であったり、実際の動き方というのは、指導者にとっては最高の財産である。そこから上手い選手の共通点を見つけ出すのは、指導者の役割である。

もちろん、英語についても同様である。例えば現在 YouTube 上では、バイリンガル系の YouTuber たちの動画がかなり流行っているが、彼らの英語指導者としての実力はかなり低い。

日本語も英語もネイティブとして習得しているため、決してその背景に明確な理論があるわけではなく、どうやって英語を指導すればいいかを全く理解していない。もしバイリンガル系のインフルエンサーの方に本書を読んでいただいているのであれば、より良い英語指導法を伝えたいので、ぜひ一度私にお声がけをして頂きたい。

優秀な指導者を見極める方法をもう１つ紹介する。これは１００％確実な方法ということではないが、「目に見えないオカルト的なものを、信じているかどうか」がわかれば、ある程度その人の教養がわかる。例えばその人がお化けを信じていたり、初詣に行ったりするのであれば、あまり優秀でない可能性が高い。テレビを見ている可能性も高いだろう。「お化けがいるかどうかはわからない」ならまだわかるが、「お化けがいると信じている」場合は、多くの場合テレビなどで見た映像の影響であり、そこに論理的な思考は存在しない。

また、すごく堅いことをいうようだが、神頼みをしている暇があったり、交通安全のお守りを買うくらいなら、その分、車のメンテナンスをしたり、暗いところで光るシールを買った方が交通安全に繋がるはずである。こういった簡単な思考ができることも指導者として重要だと考えている（あくまで指導者としての考え方を探る方法の例であり、一般の方がこのようなことをするのを否定している訳ではない）。

馬鹿にはしない

　ここまでコロナ騒動や英語教育について書いてきたが、コロナ騒動の嘘に気付かない人がいても、直接馬鹿にするなどの行為はしない方がいい。そのような人を馬鹿にすることによって、いわゆる「痛い人」のように見られ、逆に他の人からの反発を受け、さらに派閥が生まれ、より良い社会から遠ざかってしまう。マスクをしているからといってダメな人だというわけでもない。中には素直でいい人も多い。素直だからこそ、マスク着用の指示に従っていたというケースも多くあるはずである。私自身もマスク着用者と仲良くなることはある。

人には得意不得意もあるので、あなたがコロナ騒動に詳しい分、他の人は例えば食品について詳しいかもしれない。人体の仕組みに詳しい人から見れば、あなたの歩き方や姿勢は全然良くないかもしれない。また、馬鹿にすることによって、その人の自己評価が下がってしまう可能性もある。特に指導者としては絶対に行ってはいけない行為である。


私が批判的な意見を書く時には決めているルールがある。それは、「個人を攻撃しない」ということだ。批判をするにしても、「日本人は」「多くの学校は」など、団体に対しての批判にすることにしている。そうすることによって、一個人へ精神的なダメージを与えずに、「自分のやっていたことはまずかったかも」と気付いてもらえるようにしている。教室で１人だけ怒られている時と、クラス全体がまとめて注意されている時を考えれば、その差は一目瞭然であろう。

ただし、私より圧倒的に力を持った人物、例えば政治家などは例外として個人批判をすることもある。

緊急事態条項には必ず反対する

今回は私にとってわかりやすい英語教育、そして世間の人にとって臨場感を感じやすいコロナ騒動を〝例として〟あげただけであって、他にも政府はトンチンカンなことをたくさん行っているはずだ。その1つであり、国民が必ず反対しなければならないのが「緊急事態条項」である。緊急事態条項とは、自民党の改憲草案の1つであり、（戦争などの）緊急事態においては、意思決定にスピードが求められるという理由から、国会や裁判所を通さず、内閣単独で法律を制定できるようにする条項である。

これが導入されると、例えば、国民を戦争に行かせることもできるし、通信状況を全て覗かれる可能性もあるし、政府に反発している人を逮捕することもできるようになるし、ワクチン接種の強制も可能になってしまう（ワクチン接種に関しては、他にもパンデミック条約などが関わってくるが、本書では割愛する）。

コロナ騒動では、「緊急事態宣言」という言葉を使っていたが、もし緊急事態「宣言」の代わりに、緊急事態「条項」が発令されたらどうなってしまうのか、考えただけでも恐ろしい。

この本が出版された段階でこの緊急事態条項がどうなってしまっているかはわからないが、もし、まだ反対できる余地があるのであれば絶対に反対しなければならない。

ちなみに２０２２年４月の段階では、70％以上の国民がこの制度に賛成してしまっているそうである[1]。現在ではより多くの人がこの条項の恐ろしさに気付いていることを願うばかりである。

1　産経新聞『緊急事態条項「賛成」７割超、立民支持層でも６割』2022年。https://www.sankei.com/article/20220418-G55WIQBR7FOZFKM32P2HQYLTIQ/

笑おう

コロナが茶番であると気付くと、中にはがっかりする人もいるだろうし、将来への希望を持てなくなる人もいるだろう。とんでもない政策を繰り返す政府の下で暮らしていることに絶望を感じる人もいるかもしれない。

しかし、だからといって常に辛そうな顔をしていては、子供たちがついてこない。子供が「マスクしている人の方が楽しそうにしてるじゃん」と思ったら、マスクをすることがいいことと認識してしまうかもしれない。


こういうことを考えると、世の中というのは、本当に〝上手くできていない〟と感じる。何も考えずにマスクをし、ワクチンを打ち、政治家の悪行にも気付かない人が、実は最も幸福度が高い可能性だってある。

しかし今の世の中でそのような完全無知状態でいるとやはり危険なので、ある程度の知識は付けておくべきではあると思う。ワクチンの副作用で苦しんでいる人たちがいい例である。彼らは、ワクチンを打つ前には「これを打てばより安全な生活が待っている」と、希望を持っていたに違いない。その期待を裏切られ、体が不自由になったり、身内を亡くしたりした人が数多くいる。このような被害に遭わないためには、勉強することが重要である。

あとがき

本書内で述べたように、私たちは周りの人に合わせて行動することが最も自然である。しかし、今の世の中では、合わせすぎることも危険であることも述べた通りである。あわよくば政府や製薬会社、医者に殺されかねない。

周りの人の前では普通に振る舞っても、自分の中では、自分の考えを持ち、また客観的に学び続けることが重要である。

特にあなたがいわゆる「成功者」になりたいのであれば、これは重要である。成功者はみんないい意味で変わり者である。わかりやすいところでいえば、この日本で起業をしようとする時点で多くの人とは異なる。

それとは逆に、金持ちになりたいと言いつつ、普通のことしかしない人がいる。しかし、普通のことをしたら、普通の給料になるに決まっている。日本の平均年収は大体420万円なので、普通のことをしている人は、これくらいの給料になる。

ここでいう〝普通〟とは、例えば、大学を出て、就活をして、同じ企業でできるだけ長く働く、ということである。

同じように、「英語ができるようになりたい」と言いつつ、普通のこと(=単語帳や文法書の利用)しかしない人は、当然、普通の日本人(=英語ができない人)になる。

そういった意味では、コロナ騒動中にコロナを信じていなかったり、マスクを外していたり、PCR検査を信用していない人は、いい意味で「普通でない」人になれる可能性が高いとも言える。

真面目に「普通の人」をしている人がうまくいかないとは、なんとも皮肉な世界である。しかし、今のところ世界はそう作られてしまっている。ちなみに、肩こりという言葉がない地域には肩こりという概念が存在しないなんて話もあるが、もし、私たちがコロナについて何も知らなければ、この数年間我々は今まで通りに普通に生きていた。コロナは明らかに、「私たちの心に作られた病」であった。

こんなことが行われてしまっている世界に住んでいる我々には何ができるのだろうか。世界を牛耳る存在に歯向かうことはできるのだろうか。今できることは、述べたように、自ら学び、考えること。良さそうな新しい政党が出てきたらそこに投票するのも1つの手だろう。ここまで日本をダメにしてきた政治家は総入れ替えしてもいいくらいだ。

何よりも、国民一人ひとりの他人任せにしない行動が大切である。

本書を通して、少しでも多くの人が自分の思考のブレーキを解除し、さらなる自身と社会の発展に貢献していただけたら幸いである。

２０２３年９月

石井　丞

付録

本書内でも述べた、私が以前 YouTube にアップしたが削除されてしまった動画の文字起こしをここに付録として残しておきたいと思う。文字起こしなので、多少話し言葉になっていることはご了承頂きたい。他にもコロナや英語教育に関する動画はあるので、ぜひ見ていただければと思う。

タイトル『コロナ騒動と英語教育は似ていた②人は有害なものを有益と思い込む。』

はい、こんにちは石井丞です。今回は『英語教育とコロナは似ていた』のその2で、人間は意味のないことというか、意味がなくて、さらにその、悪影響ですらあることを、いいと思ってやると、いうところですね、話していきたいと思います。

コロナの場合は、まあ未だにマスクを着けている人が多いですが、マスクにはまずは効果がないっていうところですね。効果がないどころか有害である、というところですね。

それを話す前に、僕は以前から、変わった思考の持ち主といいますか、まあ自分からしたら普通なんですが、「マスクって意味ないでしょ？」とは個人的には思ってました。コロナがどうとかではなくて、小さい時からですね。ただ科学的証拠はなかったんですが。

「マスクをして感染を防ぐ」ということなんですが、ということは、なんていうかな、もし菌が入ってこなくなる効果がマスクにあるのであれば、ということは酸素も入ってこないというか空気も吸えなくなる、ということになりますよね。で、空気が吸えなくなるのであれば、それはそれで健康に悪いと。もちろん、口を塞いで、手で口と鼻を塞いだら死んでしまうというか、苦しいというところで、それはもちろん良くないですよね、ずっと苦しかったら。でも、実はそうではなくて、もちろん、ちょっと酸素の量は減っているかもしれないですが、普通に呼吸をしていて、普通に生活をしている、ということは、口に入ってきている空気の量というのは一緒、もしくはちょっと少ないわけですよね。

で、もし一緒の場合って、菌は入っているわけで、吸ってきているのが入っているわけで。これをいうと、「空気は入っているけど菌はそこで止まるでしょ」という人がいるんですが、実際止まらない、あの、マスクの穴、というのは人間の目にはよく見えませんが、非常に大きくて、例えばコロナウイルスでいうと、何十倍、何百倍の大きさになっているので、菌を止めるという効果はないんですね、マスクには、穴が大きすぎるので。

つまり、まあ着けても着けなくてもどうせ菌は入ってくるので、変わらないということなんですが、昔の僕も、マスクを着けることによって酸素の量が減っている、空気が吸いづらくなるのであればそれはそれで健康に悪いし、もし、そうじゃなくて、同じ量の酸素が吸えるんだとしたら菌が入ってきてるじゃん、って思ってたんですよね。だから変わった思考の持ち主ではあったんですが、これ合っていたみたいで、意味ないらしいんですよね。また参考文献の方は、同じものを概要欄の方に載せておきますが、意味がないと。

で、もし仮に網目の部分、マスクの白い部分ですね、まあ白いマスクの場合は(笑)、その大きい面の部分から入ってこないとしてもどうせ横が空いてますから。みなさん、プールでゴーグルを着けて、フィットしている時は水が入ってきませんが、横にパって一瞬小さい穴が開くというか、ちょっと隙間ができると水がガーっと入ってくると思うんですが、それと同じで、マスクもどうせ横空いてるんで(笑)、空気がだーっと流れ込んできているということですね、まあ結局入ってきているので、菌は。意味はないと。

唯一意味があるとしたらもうすでに重症な風邪というか、菌をたくさん持っている人が、もう自分の感染は諦めて、他人に広げないためというのはちょっと意味があるみたいなんですが、感染していない人というか、元気な人がするのは意味がない、どころか、もっというと、有害であるということらしいんですよね。

で、これもなんとなくわかると思うんですが、ここまでの話でマスクね、菌を防ぐという意味はないと思ったんですが、逆に今度は、マスクをしていると、まあ唾液とかが付きますよね。で、不衛生な状態なわけですね。さらに、例えば、せっかく口から出ていくウイルス、マスクをしていなかったらどっかに行ってくれるのに、マスクをしていることによって、ずっとね、唾液と一緒に、まあ唾液は着いちゃいますから、あの菌単体だとマスクをすり抜けちゃいますが、唾液と一緒ならここに残るわけですね。で、その、マスクっていうのはあの、なんていうかな、マスクと口の間っていうのは湿っていて、いわゆる菌が繁殖しやすいような状況ですよね。ジメジメしたあったかいところがあったら菌って繁殖しやすいじゃないですか。そういう場所なわけですよ。

つまり、マスクは、菌を防ぐ効果はまずない、さらにただ、ないのにもかかわらず、自分の口から出た菌ですね、自分の例えば、唾液のついたマスクを、ずーっと着けている、つまり、汚いワケですね、マスクっていうのは。さらに、菌もどんどん増えていく、つまり、まあ言ってしまえば菌の養成所というか(笑)、菌を育てていっているわけですね、マスクの中で。こんなアホな話があるかっていう話で。わざわざ風邪にかかりにいっているようなものですね。汚いですから、マスクっていうのは。

まあつまり意味がないどころか、有害な可能性すらある。つまりマスクは、感染したくないのであれば、外したほうがいいということになります。

たまーにこの話をすると、「誰かがくしゃみをしてきたらどうするんだ」という人もいますが、それが起こる確率って０・何パーセントっていうくらい低いですよね。日本でそんなことする人まずいませんし、それと比較してもらって、マスクをもし、あなたが着けていたら、毎秒毎秒どんどん菌が増えていく、自分の呼吸と、くしゃみもするでしょうし、まあジメジメした環境で、マスクの表面にはどんどんどん菌が増えていく状態でいること、それを毎分毎秒起こることと、その非常にレアなケースである「誰かにくしゃみをかけられる」というケースを比較した場合に、まあそんなこと滅多に起きることじゃないので、当然、マスクは着けない方がいいという結論にはなります。

つまり、この意味のないどころか有害なことをするということですね。ワクチンなんかもそうですね。僕の調べによると、ワクチンについて詳しく話すのは今日は時間の関係でやめますが、まあ意味がないどころか害があるのではないかと、今のところ、私の調べではそういう結論が出てます。

ちょっと長くなってしまったんですがこれを英語学習、英語教育に当てはめると、学校の授業そのものがまず意味がないどころか有害であるということはこのチャンネルを聞いている方ならご存じかなと思います。

あとは電車の中で高校生、中学生が読んでいる単語帳。もちろんこれも意味がないどころか、有害、これに関しては、この前上げた『英単語帳はポテトチップス(だ!)』という動画も見てもらえればと思うんですが、健康になりたい人がポテトチップスを食べることは、意味がないどころか、有害な可能性があるというように、英語ができるようになりたい人が単語帳を使うこと、文法書を使うこと ――まあ日本語で書かれたものですね、英語で書かれたものはこの限りではありませんが―― は、意味がないどころじゃなくて有害であると。人間の脳は、別の言語は別に保管しなければいけませんので、日本語を使って英語を学ぶことはできませんし、日本語を使って英語を脳に入れ込むというかね、習得させることはできません。別にしなきゃいけない。もっというと、日本語をむしろ忘れなければいけない。忘れて、人間には恒常性機能っていうのがありますから、今の自分をね、キープしようとしてしまうので、日本語だけができる人は、日本語だけができればいいという状態をキープしてしまう、まあ翻訳とか単語帳とか使っていて、日本語だけでできる活動を、なんていうかな、日本語がわかる人が、単語帳を開くと、勉強できちゃうじゃないですか。でもそれはダメで、英語ができないんだから本当は読めない状態が普通、読めないから、聞けないから、「あ、この言語は新しいんだ！　じゃあ新しい言語野を作らなきゃいけない」という反応になるのに、わざわざ今できる、今使える日本語という言語を使って、英語を勉強した〝フリをしている〟ことによって、「英語を習得しよう」というモードにはならないわけですね、人間の脳っていうのは、日本語できちゃってるから。「(日本語が)できちゃってるんだったら新しい言語はいらないでしょ？」という本能になるわけで、日本語を使って英語を勉強することに関しては、意味がないどころか、弊害になる可能性があるというところですね。

そんなことというと、「全くやらないよりはいいんじゃないか」という人もいるんですが、これは前に『英単語帳はポテトチップス(だ！)』の動画で話したように、それは間違った勉強法で1年間勉強した人の方が、英語の勉強時間ゼロの人よりは、なんらかのコミュニケーションが取れる可能性はあります。ポテトチップスを1年間食べ続けた人と(比べると)、1年間何の食事もしなかった人は死んじゃうので、その人よりは、ポテトチップス食べて生き残った方がいいですが、今の日本ではポテトチップスを食べる必要はない、ポテトチップスを食べなくても生きていけるのにポテトチップスを食べる必要はない。今の日本では、英語の勉強のツール、Netflixとか、洋書もいくらでも手に入るし、自然に勉強できるツールが整っているにもかかわらず、わざわざポテトチップスを食べる、つまり単語帳を使う必要はないということになります。

はい、では今日はこの辺でまとめておこうかなと思うんですが、またこのシリーズね、何個か続くと思うので、また聞いていただければと思います(動画が削除されてしまったので続けませんでした)。

この YouTube のアップデートなどを載せているX(旧 Twitter)(@joishii1007)、あとはInstagram(@joishii1007)フォローしていただければと思いますので、ぜひよろしくお願いします。

少しでも役に立った方はぜひチャンネル登録もして、あと英語の勉強法に関しては日本一のクオリティーを保っていると思いますので、ぜひチャンネル登録していってください。ではまたお会いしましょう、バイバイ!

この他にも、『X(旧Twitter)バズり中のドクターに新型コロナ騒動の闇について聞いてみた』『コロナ騒動と英語教育は似ていた①人は自分で考えない！疑問を持つ力がなければ英語はできるようにならない！』『星稜高校は出場辞退をしなくてよかった。教育者、高野連はどう対応すべきか。【番外編緊急投稿】』など、コロナや英語教育に関わる動画がアップされているので、ぜひご視聴いただければと思う。

＜著者略歴＞

石井　丞

千葉県鴨川市出身、東京都在住。英語教育者。

元偏差値 49 の高校球児が、『英語習得の極意』を開発し、大学教授に「帰国子女ですか？」と聞かれるまでに成長。その後、私立高校の教員を経て、25 歳で大学での英語指導を開始。

言語を教えるのではなく、言語の「習得法」を伝えることが仕事。

中高生時代は野球漬けの日々を送る。同時にスポーツ科学に興味を持ち、科学の視点から物事を捉えると、常識と必ずしも一致しないことを知り、論理的に物事を考える癖がつく。

第一志望の大学に不合格後、第二志望の大学で英語を専攻。今までの英語学習法を捨て、一から英語習得を開始。試験で結果を出すことと英語力の高さには必ずしも関係がないという事実に気付き、本当の意味で英語ができるようになる方法の開発を始め、3 年以上の月日を通し確立。留学をしたことがないことにより日本人英語学習者の気持ちがわかることが強みである。

過去の著作は『なぜ、「英語で授業」しなければならないのか━英語教育暗黒時代の終え方━』『英語習得の極意』など。

X (旧 Twitter)/Instagram/YouTube: @joishii1007

英語教育とコロナ騒動は似ていた
— 正しさとは大衆操作の結果である —

2023年　10月　27日　　　初版発行

著者　　　石井　丞
校正協力　森こと美
発行者　　千葉慎也
発行所　　合同会社AmazingAdventure
（東京本社）東京都中央区日本橋3-2-14
新槇町ビル別館第一2階
（発行所）三重県四日市市あかつき台1-2-108
電話　050-3575-2199
E-mail info@amazing-adventure.net
発売元　　星雲社（共同出版社・流通責任出版社）
〒112-0005 東京都文京区水道1-3-30
電話　03-3868-3275
印刷・製本　シナノ書籍印刷

ISBN978-4-434-32885-5　C0037